"Übe nicht nur deine Kunst, sondern dringe in ihre Geheimnisse ein."

- Ludwig van Beethoven

HERMANN
—PRESS—

Copyright © 2024 by Damian Hermann

Alle Rechte vorbehalten.

Erste Auflage

ISBN 978-1-964383-17-0

Veröffentlicht von

www.HermannPress.com

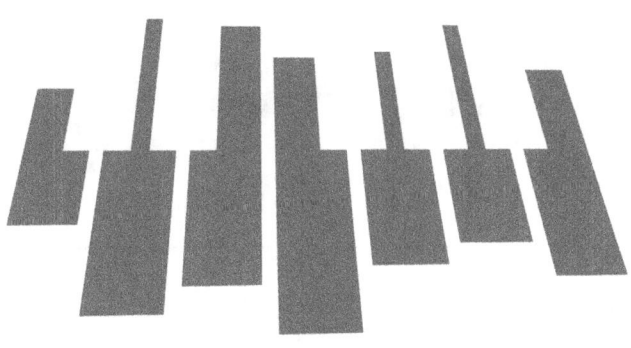

KLAVIER
NOTEN
LESEN

PRAXISBUCH

300+ Übungen zum Zeichnen und Lernen

INHALT

Kapitel 3: Tonhöhe & Tonart

Kapitel 4: Taktart & Rhythmus

Lösungen

Über dieses Buch

Musik ist eine Sprache, die jeder lernen kann – und Sie haben bereits den ersten Schritt gemacht, indem Sie dieses Buch in die Hand genommen haben.

In diesem Buch werden Ihnen die Grundlagen des Notenlesens auf eine klare und verständliche Weise nähergebracht. In den 75 Übungsblättern finden Sie zwischen 4 und 8 Übungsaufgaben pro Blatt, was insgesamt weit über 300 praktische Übungen ergibt. So können Sie Ihr neu erworbenes Wissen direkt anwenden und vertiefen.

Obwohl die Musiktheorie ein weites Feld ist und jedes Thema weitaus umfassender behandelt werden könnte, konzentriert sich dieses Buch auf die vier zentralen Bereiche, die für Anfänger besonders wichtig sind.

Das Ziel dieses Buches ist es, Ihnen ein solides Fundament zu vermitteln, das es Ihnen ermöglicht, wundervolle Musikstücke zu erlernen, eigene Kompositionen zu schreiben oder sich persönlich in der Welt der Musik weiterzuentwickeln.

Ich wünsche Ihnen viel Freude, Inspiration und Erfolg auf Ihrem musikalischen Weg.

Entwicklung der Musiknotation

Die Ursprünge der Notation reichen bis ins antike Griechenland zurück, doch erst im Mittelalter nahm die westliche Notation mit der Verbreitung der Schrift in Klöstern und Bildungseinrichtungen Europas Gestalt an.

Guido von Arezzo revolutionierte im 11. Jahrhundert die Musiknotation mit dem Liniensytem, das Tonhöhen genauer festlegte. Später wurden Rhythmuszeichen hinzugefügt und im Barock (ca.1750), wurde es üblich Musik für Orchseter und Ensembles in Partituren zu notieren, wobei die moderne Notenschrift entstand, die bis heute verwendet wird.

Die Entwicklung der Musiknotation brachte enorme Vorteile mit sich. Sie ermöglichte es, Musikstücke über Raum und Zeit hinweg zu kommunizieren, wodurch Komponisten wie Bach, Mozart und Beethoven ihre Werke festhalten und an andere Musiker weitergeben konnten.

Ohne Notation wären viele Meisterwerke der Musikgeschichte verloren gegangen. Darüber hinaus eröffnete die Fähigkeit, Musik zu lesen, neue Wege für die Analyse und Interpretation musikalischer Strukturen und Formen.

Heute sind geschriebene Noten ein zentrales Element der Musikausbildung und werden nicht nur in der klassischen Musik, sondern auch in der populären Musik und im Jazz verwendet, um Arrangements und Kompositionen zu komponieren und festzuhalten.

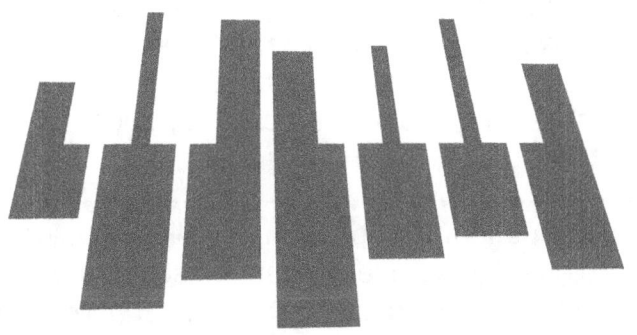

Kapitel 1

Einstieg in das Notenlesen

---

1. Großes Notensystem

2. Notenschlüssel

3. Übungen

Notensystem

Menschen haben lange gesprochen, bevor sie das Schreiben erfanden. Ebenso machten Menschen Musik, lange bevor jemand Musik niederschrieb. Einige Musiker spielen immer noch „nach Gehör" (ohne Noten), und in einigen Musiktraditionen wird mehr auf Improvisation und/oder das Lernen „nach Gehör" gesetzt. Dennoch ist es aus vielen der gleichen Gründe, aus denen geschriebene Worte nützlich sind, auch sehr praktisch, Musik aufzuschreiben. Musik ist leichter zu studieren und zu teilen, wenn sie schriftlich festgehalten ist.

Das Notensystem besteht aus fünf horizontalen, parallelen Linien. Die meisten Noten der Musik werden auf eine dieser Linien oder in den Zwischenraum zwischen den Linien gesetzt. Zusätzliche Hilfslinien können hinzugefügt werden, um eine Note darzustellen, die zu hoch oder zu tief für das Notensystem ist.

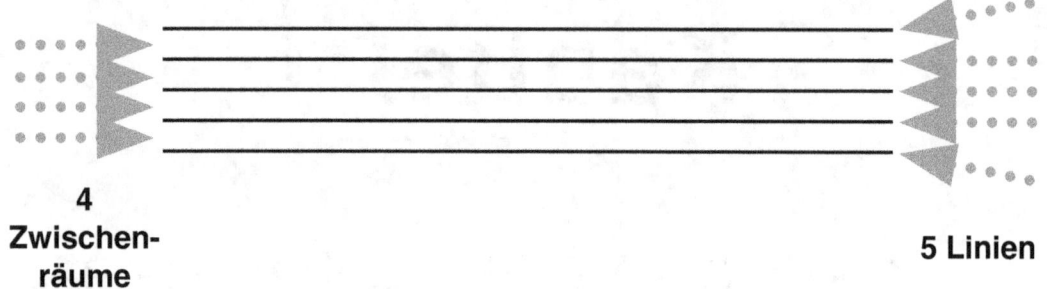

4 Zwischenräume

5 Linien

Bestandteile des Notensystems

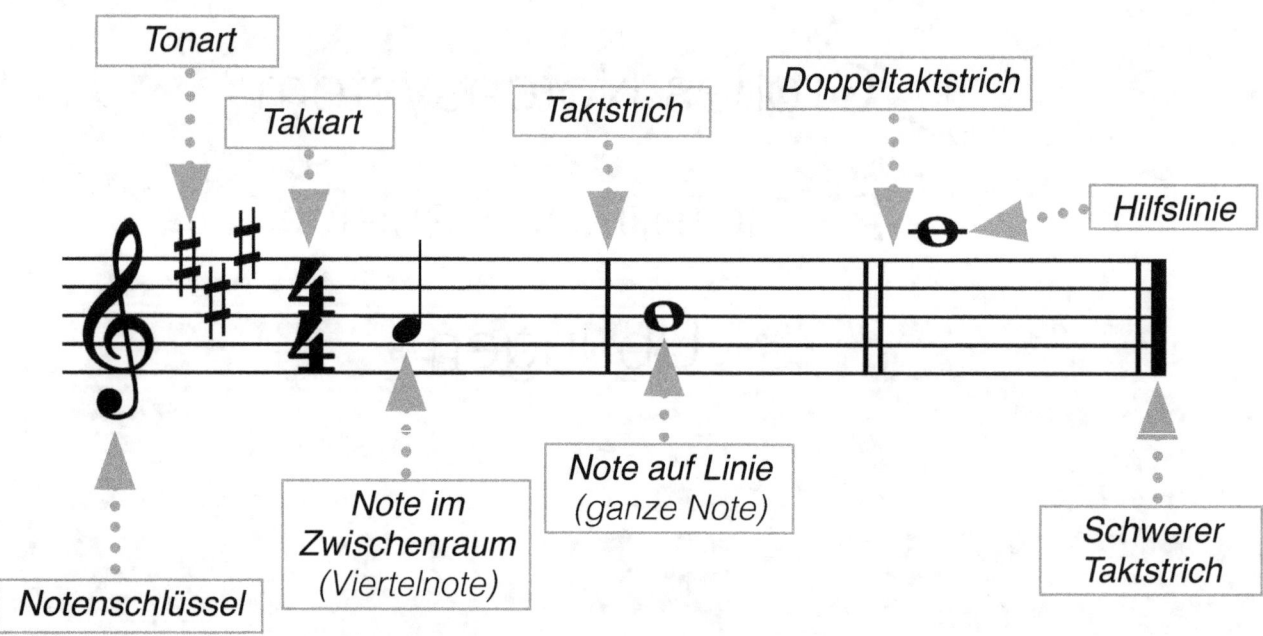

Tonart

Taktart

Taktstrich

Doppeltaktstrich

Hilfslinie

Note im Zwischenraum (Viertelnote)

Note auf Linie (ganze Note)

Schwerer Taktstrich

Notenschlüssel

Vertikale Taktstriche unterteilen das Notensystem in kurze Abschnitte, die Takte genannt werden. Eine doppelte Taktlinie, entweder fett oder dünn, wird verwendet, um das Ende größerer Musikabschnitte zu kennzeichnen, einschließlich des Endes eines Musikstücks, das durch eine fette Doppellinie markiert wird.

Notenschlüssel

Das erste Symbol, das am Anfang jedes Notensystems erscheint, ist ein Notenschlüssel. Es ist sehr wichtig, weil es angibt, welche Note (C, D, E, F, G, A und H) auf welcher Linie oder in welchem Zwischenraum liegt.

Der Violinschlüssel

Zum Beispiel zeigt ein Violinschlüssel an, dass die zweite Linie von unten (die Linie, um die sich das Symbol kringelt) ein "G" ist. Auf jedem Notensystem sind die Noten immer so angeordnet, dass der nächste Buchstabe immer auf der nächsthöheren Linie oder im nächsthöheren Zwischenraum steht. Auf den Buchstaben G folgt immer ein weiteres A.

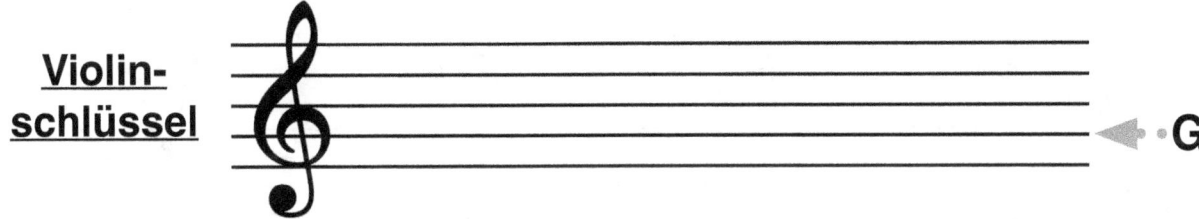

Der Bassschlüssel

Ein Bassschlüssel zeigt an, dass die zweite Linie von oben (die von den Punkten des Symbols eingerahmt wird) ein "F" ist. Die Noten sind weiterhin in aufsteigender Reihenfolge angeordnet, befinden sich jedoch an anderen Stellen als im Violinschlüssel.

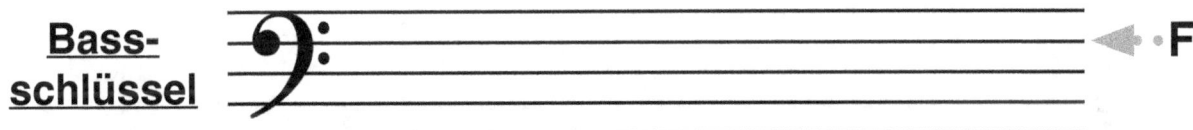

Verschiebbare Notenschlüssel

Die meisten Musikstücke werden heutzutage entweder im Bassschlüssel oder im Violinschlüssel geschrieben, und deshalb liegt unser Fokus in diesem Buch auf diesen beiden Schlüsseln.

Einige Stücke jedoch werden im **C-Schlüssel** notiert. Der C-Schlüssel ist verschiebbar: Die mittlere Spitze, markiert das _eingestrichene C_ (eingestrichenes C siehe S.9). Die gleiche Position auf dem Notensystem in verschiedenen Schlüsseln bedeutet unterschiedliche Töne.

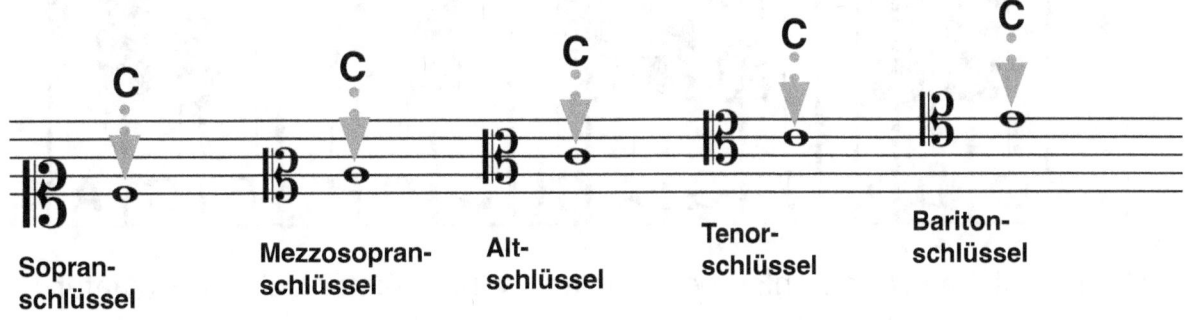

Noten im Violin-Schlüssel (G-Schlüssel)

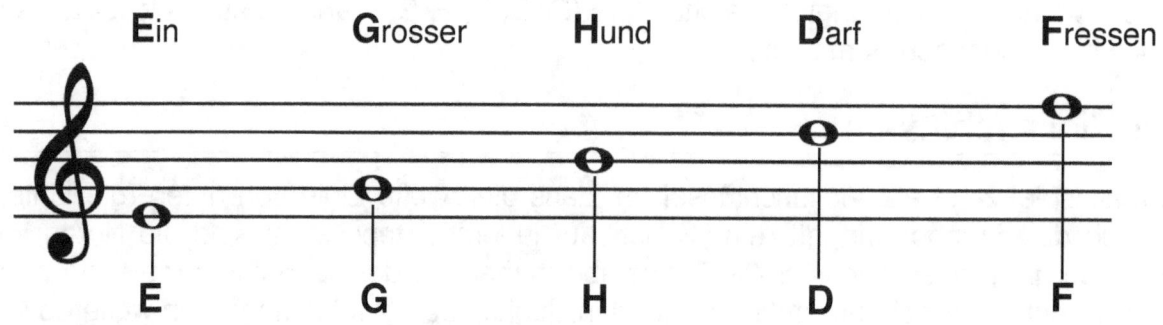

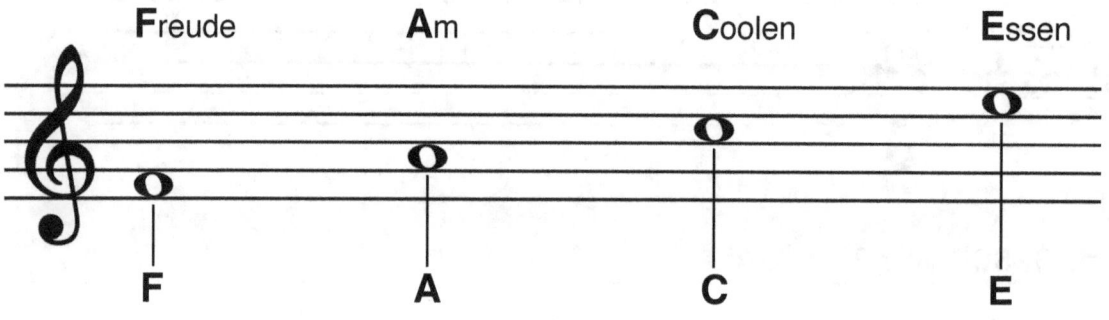

Merksätze können nützlich sein, jedoch fällt es dir möglicherweise leichter, die Noten einfach anhand ihres aufsteigenden Verlaufs im Alphabet zu erkennen (B ist H).

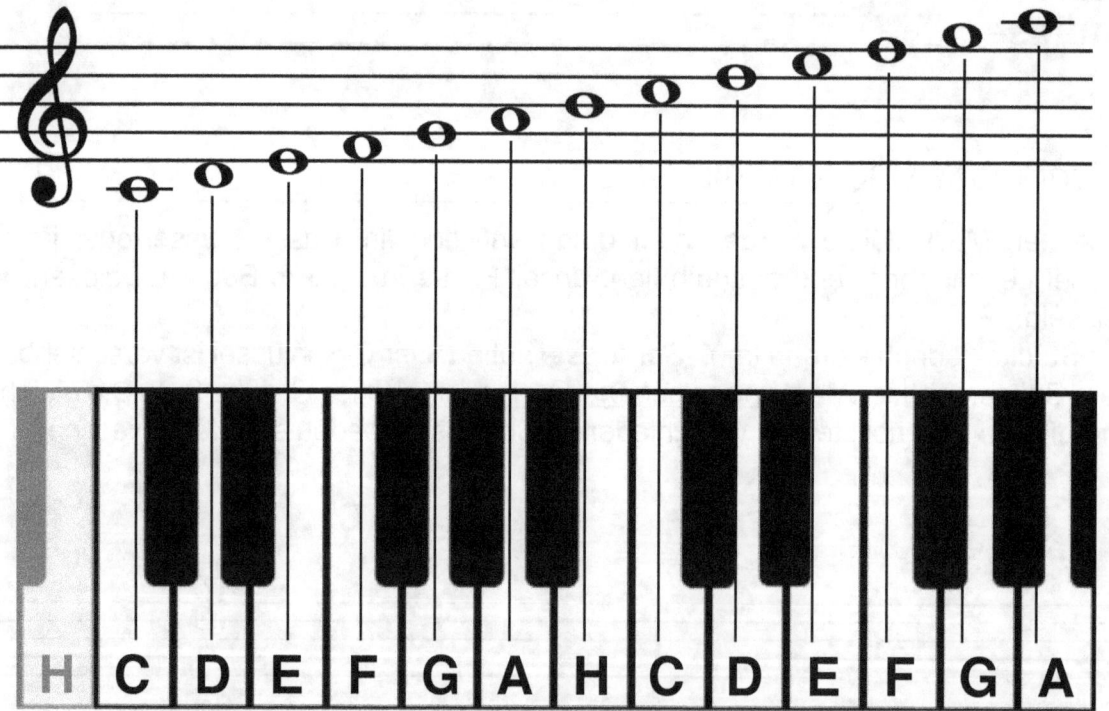

Die natürlichen Noten entsprechen allen weißen Taster auf der Klaviatur.

Noten im Bass-Schlüssel (F-Schlüssel)

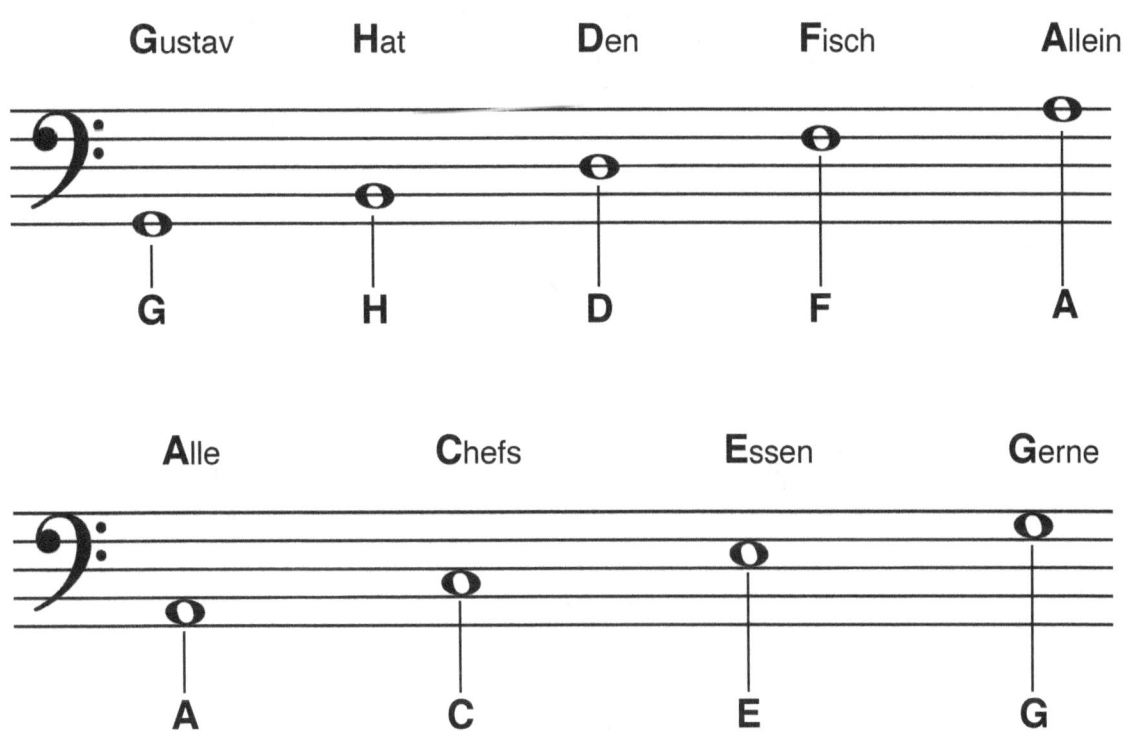

Gustav · Hat · Den · Fisch · Allein

G · H · D · F · A

Alle · Chefs · Essen · Gerne

A · C · E · G

Merksätze können nützlich sein, jedoch fällt es dir möglicherweise leichter, die Noten einfach anhand ihres aufsteigenden Verlaufs im Alphabet zu erkennen (B ist H).

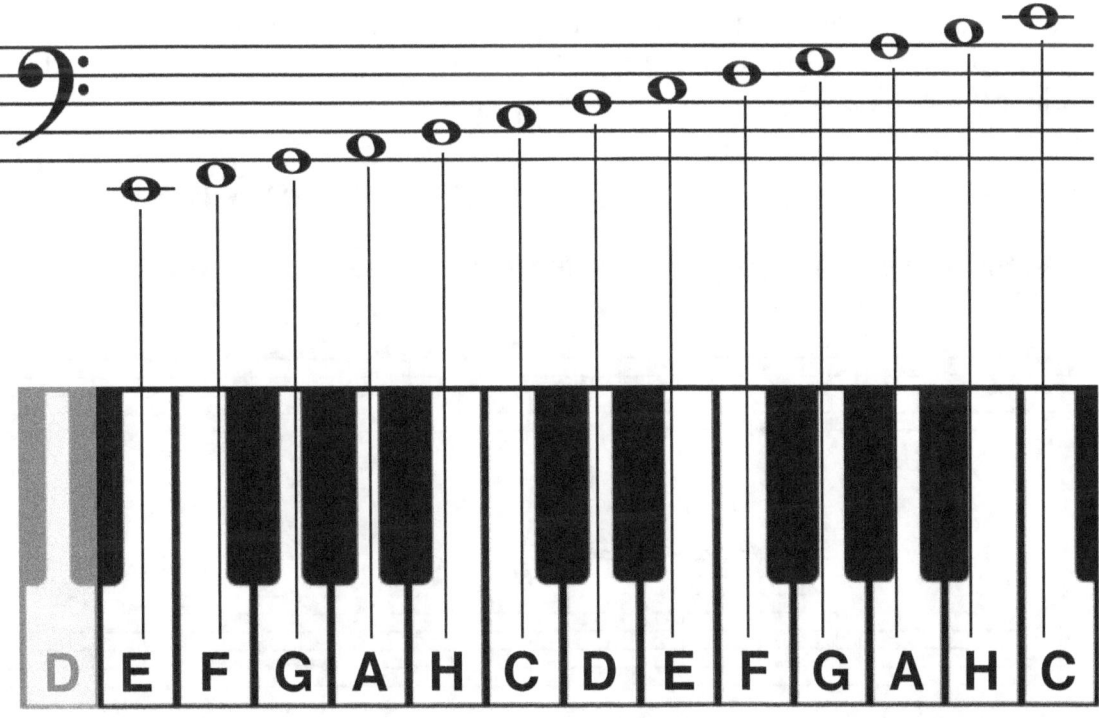

Die natürlichen Noten entsprechen allen weißen Taster auf der Klaviatur.

Großes Notensystem

Eine vollständige Klaviatur hat 88-Tasten und beginnt mit der Note 'A' und endet mit der Note 'C'. Die Buchstaben werden mit jeder weiteren Oktave nummeriert und das erste A ist demnach A1 und wiederholt sich in jeder Oktave bis zu A8. Ebenso verhält es sich mit allen C Noten. Das erste ist C1 und das letzte C8. Das eingestrichene C wird im englischen auch *Middle C* genannt (Mittel C) da es auf der Klaviatur am nächsten zur Mitte zu finden ist.

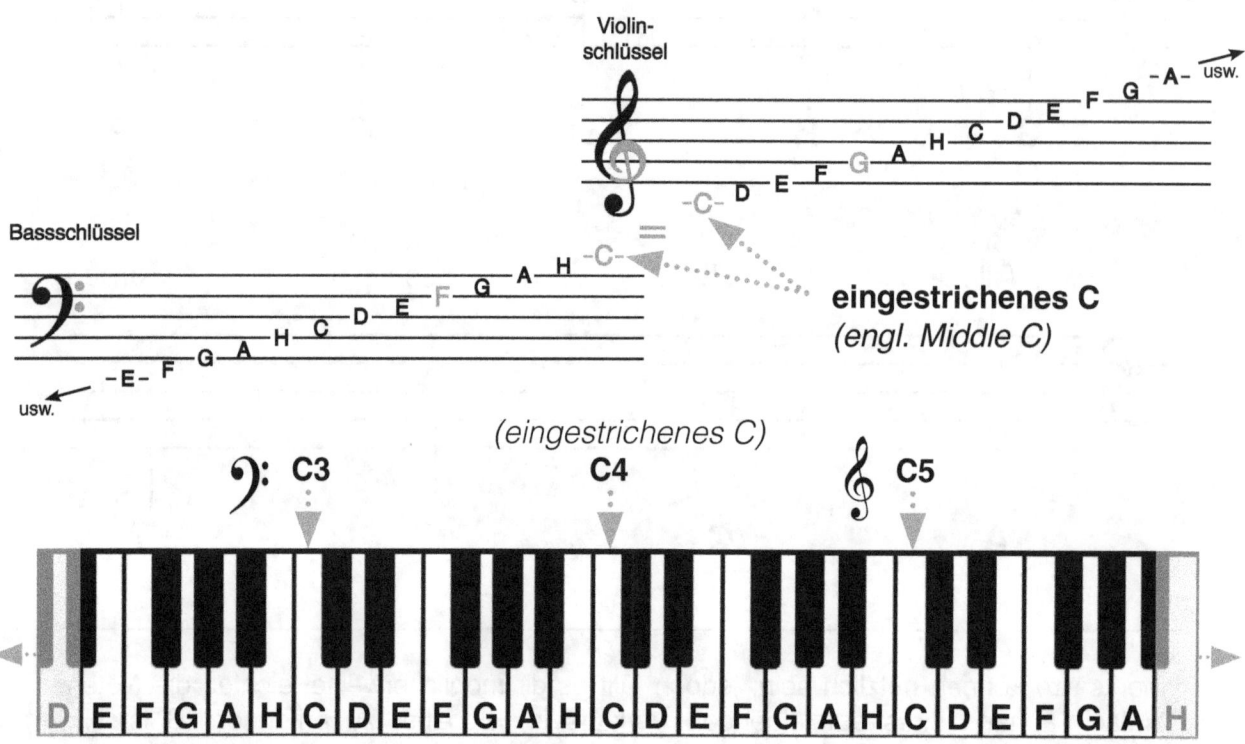

Die Abbildung veranschaulicht beide Notenschlüssel auf der Klaviatur, wobei das eingestrichene C sich über dem Bassschlüssel und unterhalb des Violinschlüssels befindet. Gemeinsam decken diese zwei Notensysteme den Großteil von Noten und Tönen der meisten Instrumente ab.

Wieso verschiedene Notenschlüssel verwenden?

Die beiden Stücke verwenden dieselben Noten in verschiedenen Schlüsseln.

Die Takte, hier im Violinschlüssel, sind leichter zu lesen und zu schreiben, da weniger Hilfslinien verwendet werden.

Übung Violinschlüssel

Zeichne auf dem Notensystem zehn Violinschlüssel ein

Bennene die Noten der Linien, Zwischenräume und Hilfslinien im Violinschlüssel

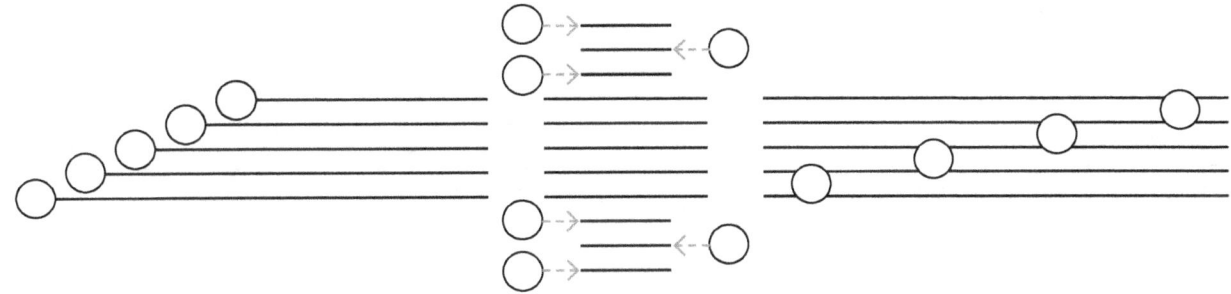

Übung Bassschlüssel

Zeichne auf dem Notensystem zehn Bassschlüssel ein

Bennene die Noten der Linien, Zwischenräume und Hilfslinien im Bassschlüssel

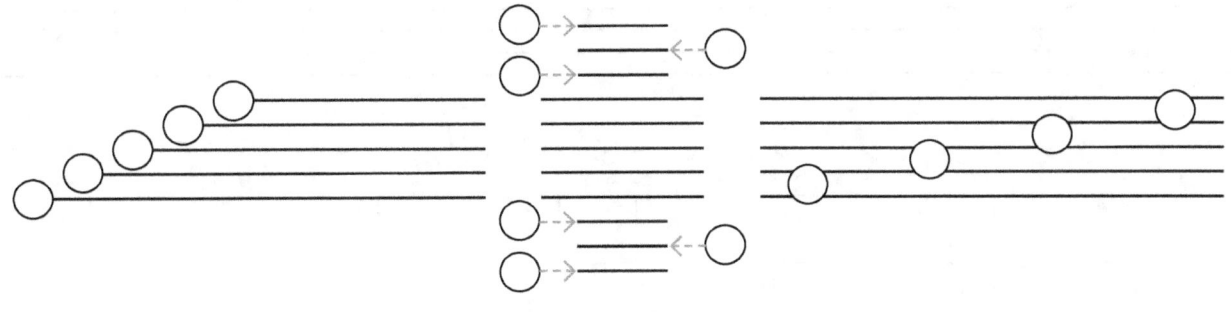

Schreibe die richtigen **Notennamen** in die Kästchen. Beachte die **Notenschlüssel**.

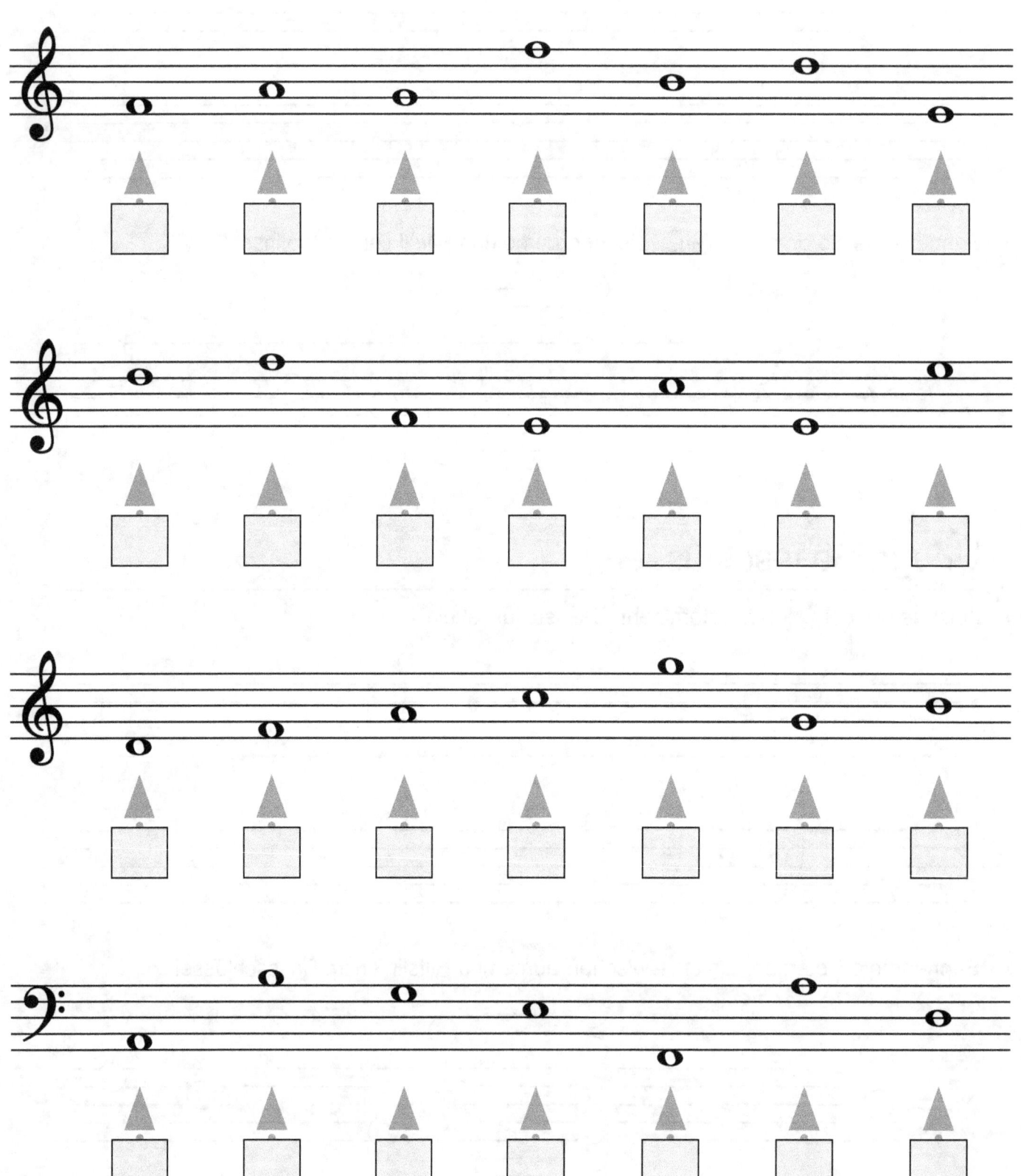

Schreibe die richtigen **Notennamen** in die Kästchen. Beachte / zeichne die **Notenschlüssel**.

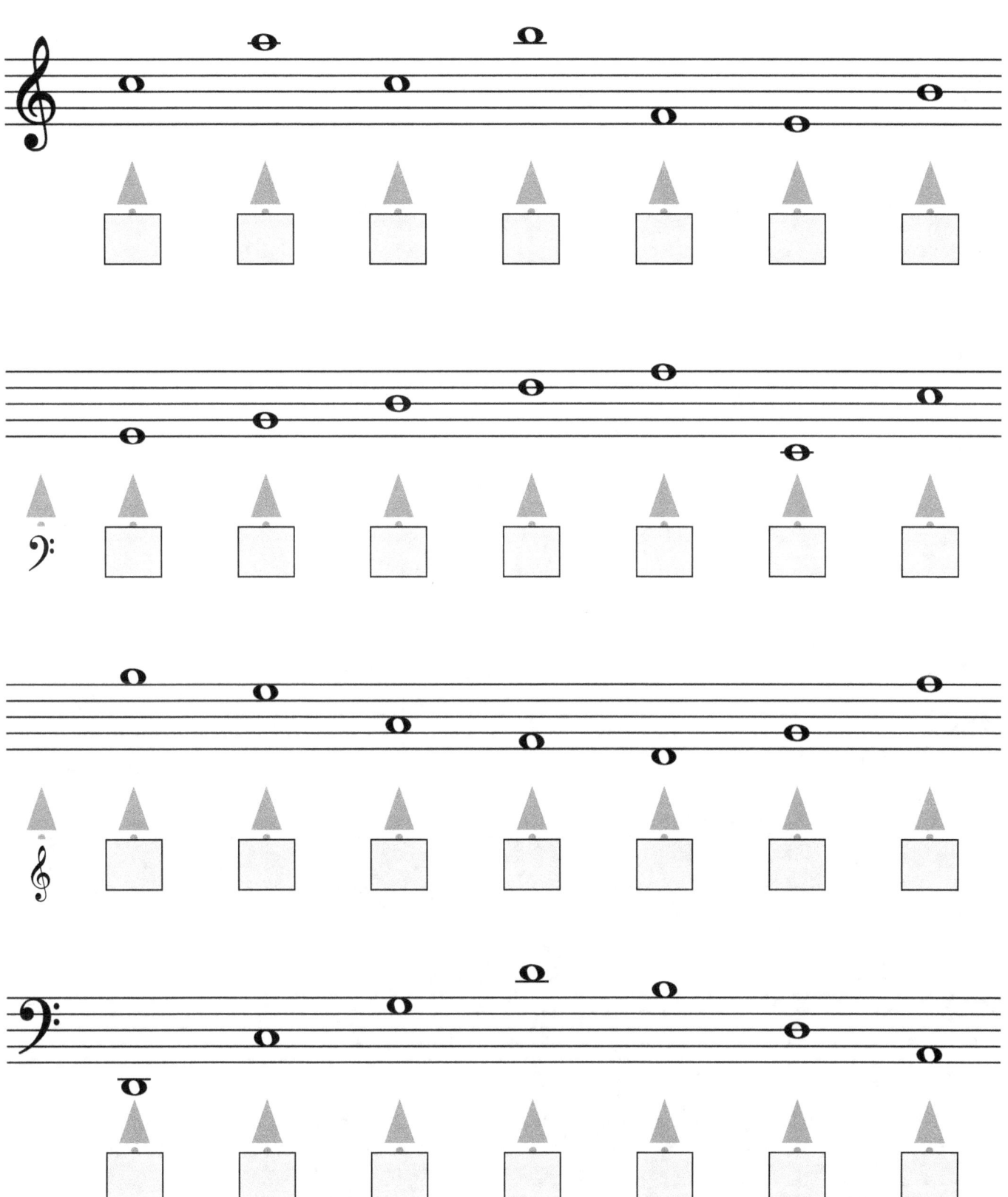

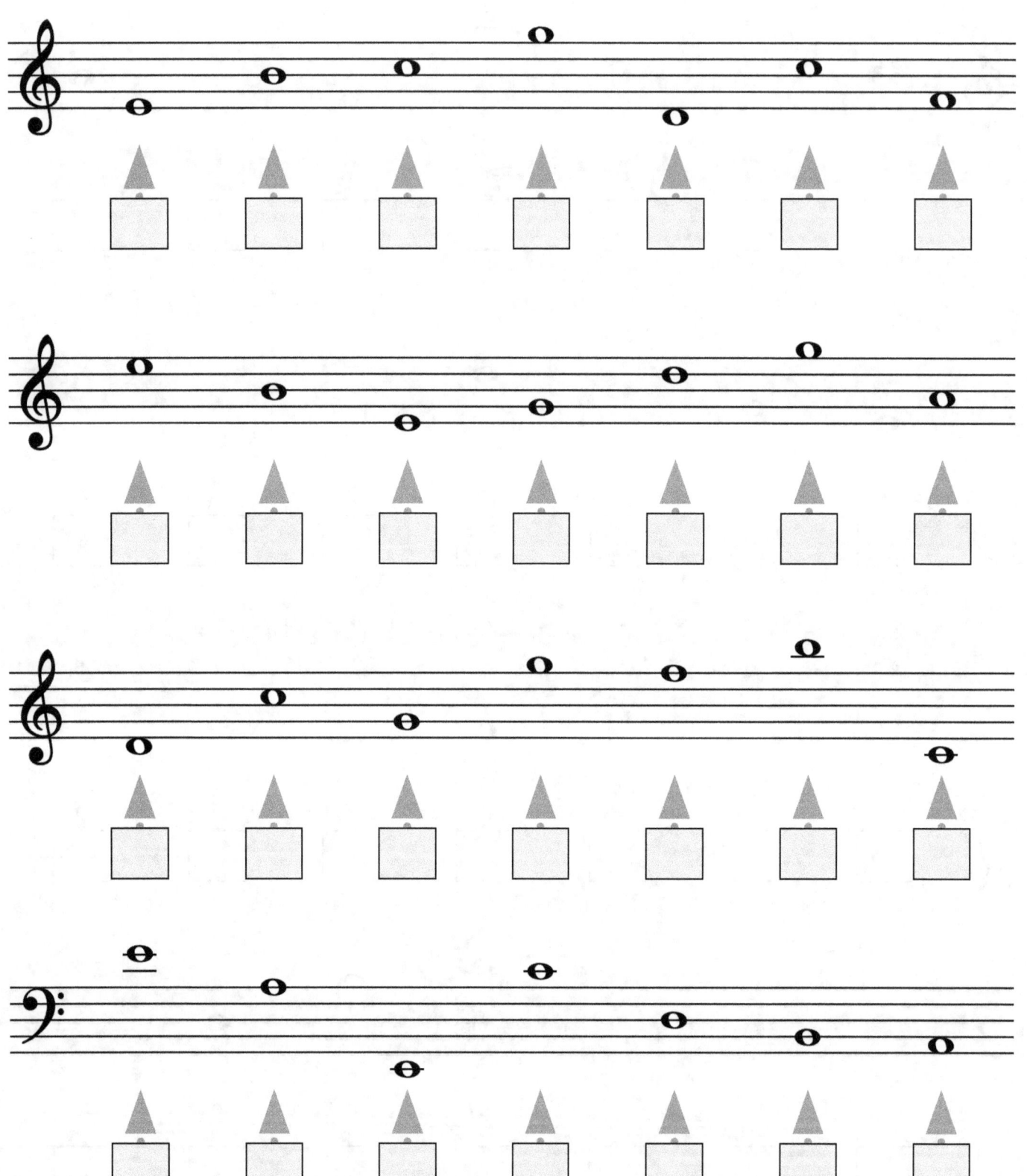

Schreibe die richtigen **Notennamen** in die Kästchen. Beachte die **Notenschlüssel**.

Zeichne die richtigen **Noten** *(ganze Note)* in das Notensystem. Beachte / zeichne **Notenschlüssel**.

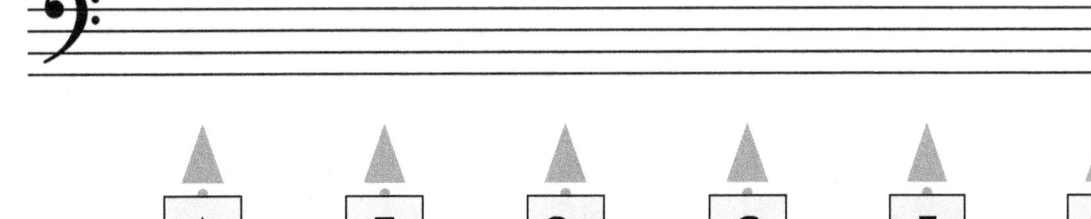

| D | A | C4 | G | A | F | E |

| F | A | C4 | D | H | F | G |

| D | F | C3 | E | A | F | G |

| A | E | C4 | G | F | H | D |

Zeichne die richtigen **Noten** *(ganze Note)* in das Notensystem. Beachte / zeichne **Notenschlüssel**.

|  A |  E |  C4 |  G |  F |  H |  D |

|  A |  D |  H | 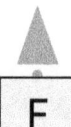 F |  G |  E |  C3 |

|  C6 |  E |  A |  H |  G | 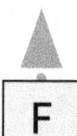 F |  D |

|  D |  A |  C4 |  G |  A |  F |  E |

Fülle alle **Lücken** in den Notensystemen / Kästchen mit den richtigen Noten / Notenschlüsseln.

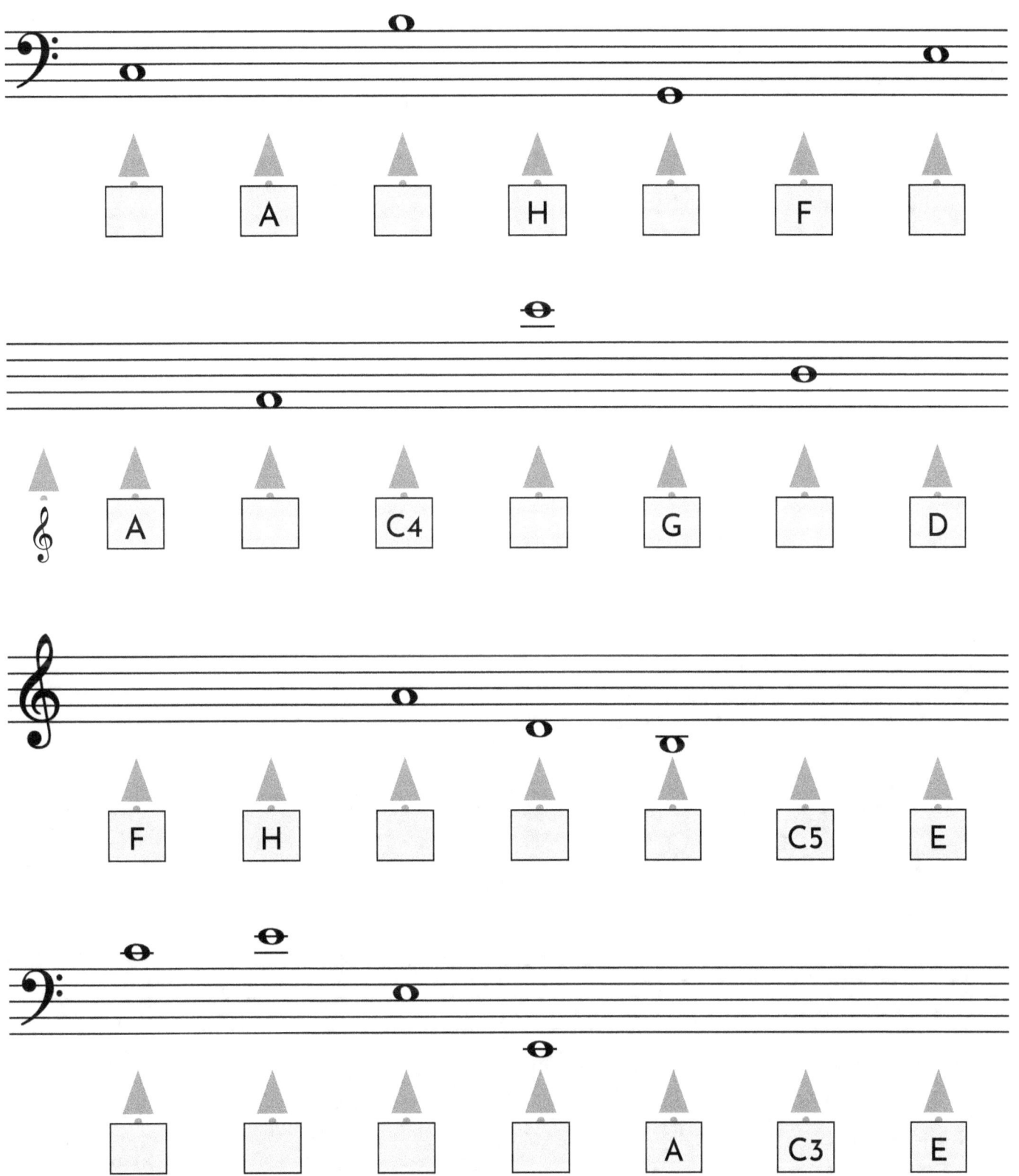

Schreibe die richtigen **Notennamen** in die Kästchen. Beachte und zeichne die **Notenschlüssel**.

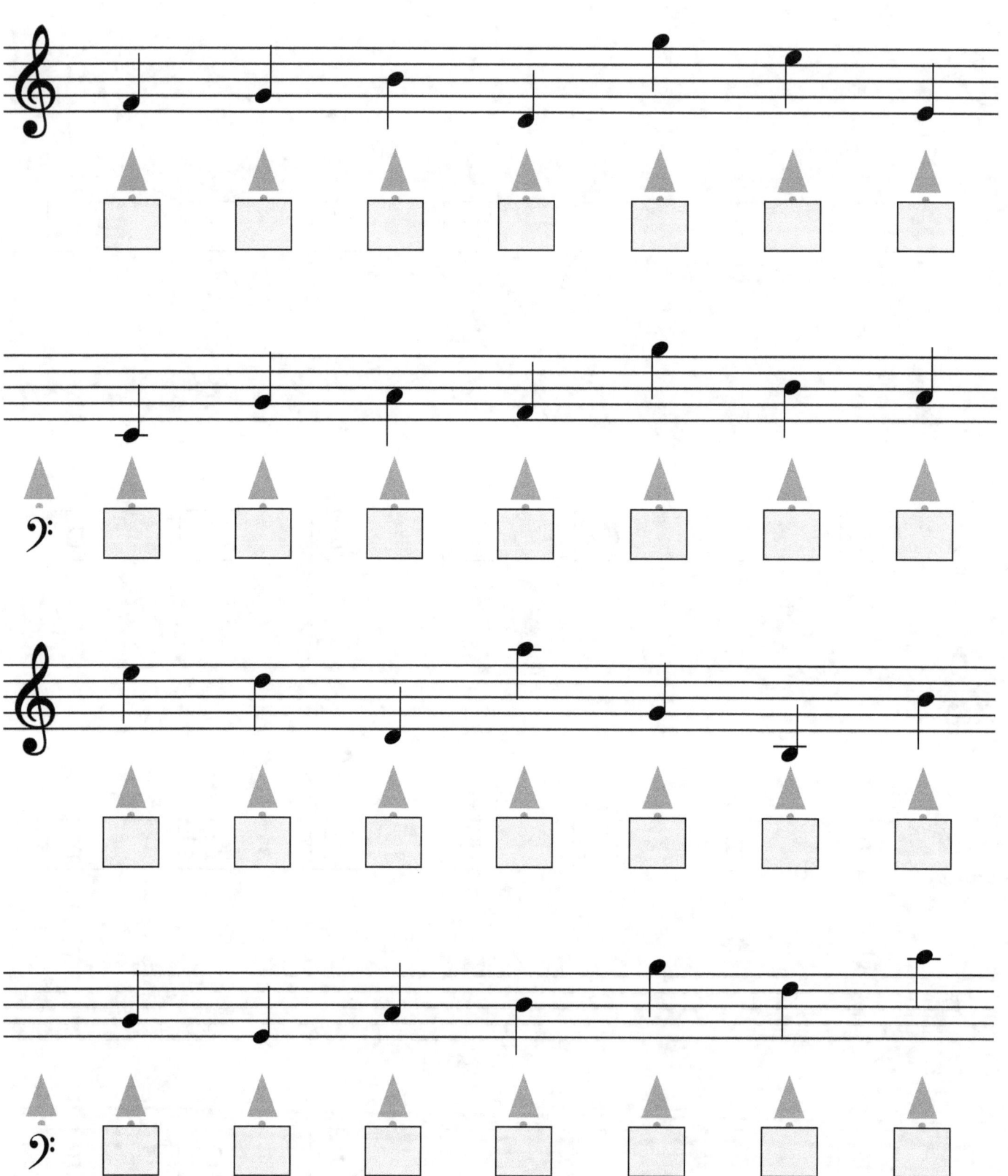

Fülle alle **Lücken** in den Notensystemen / Kästchen mit den richtigen Noten / Notenschlüsseln.

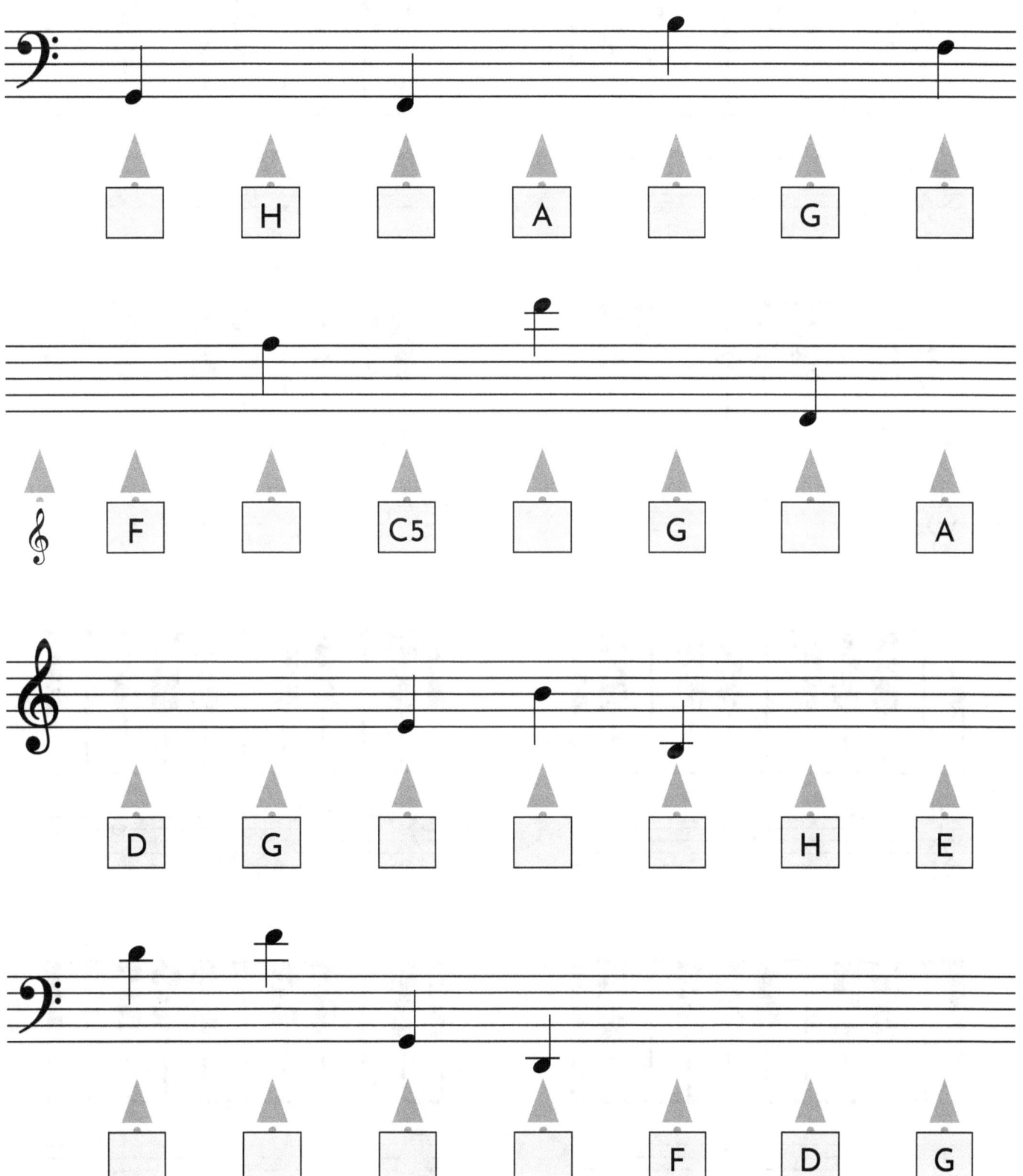

Kreise die richtigen **Tasten** auf der Tastatur ein. **Beachte** den Klaviatur-**Ausschnitt**.

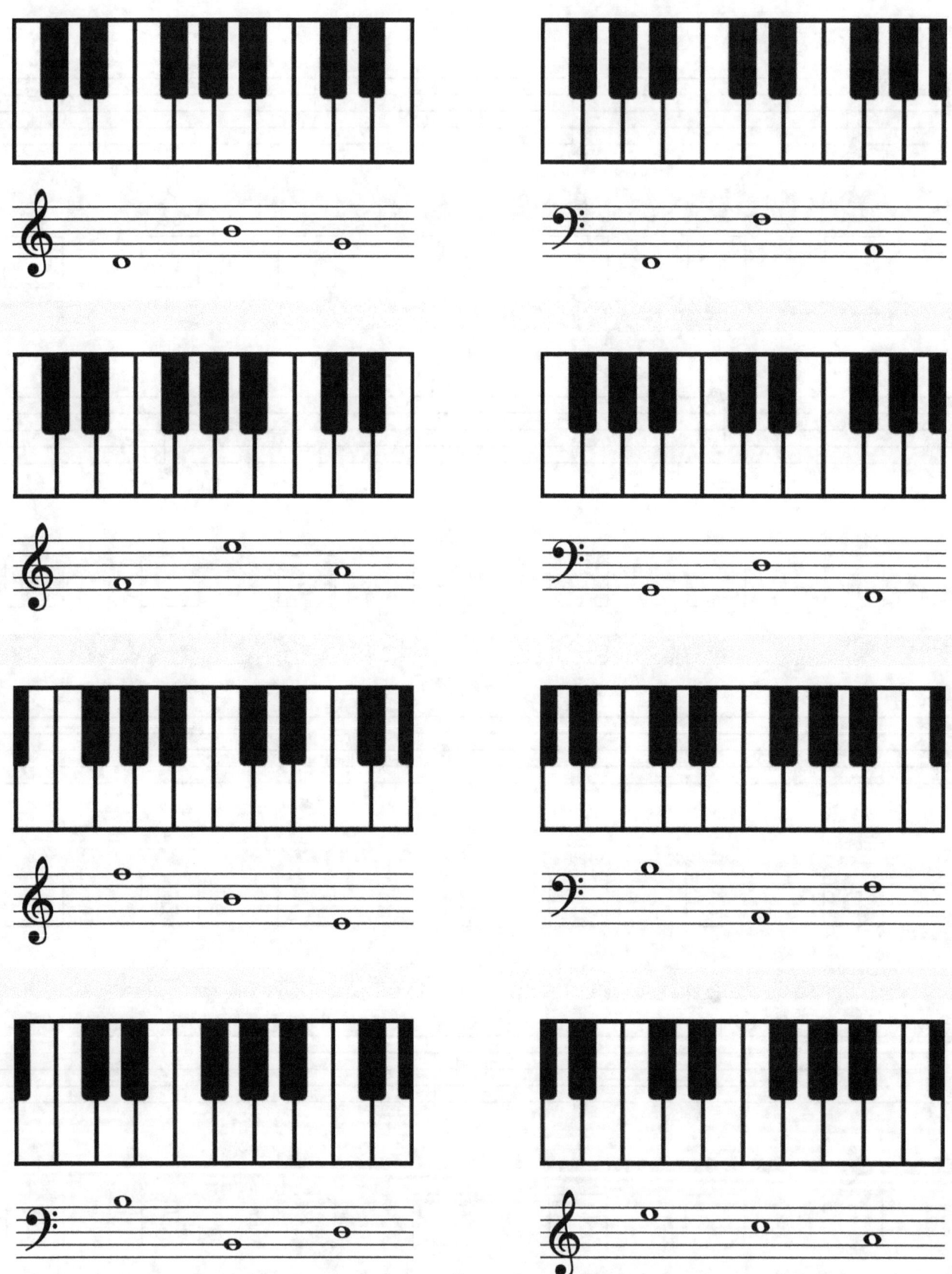

Kreise die richtigen **Tasten** auf der Tastatur ein. **Beachte** den Klaviatur-**Ausschnitt**.

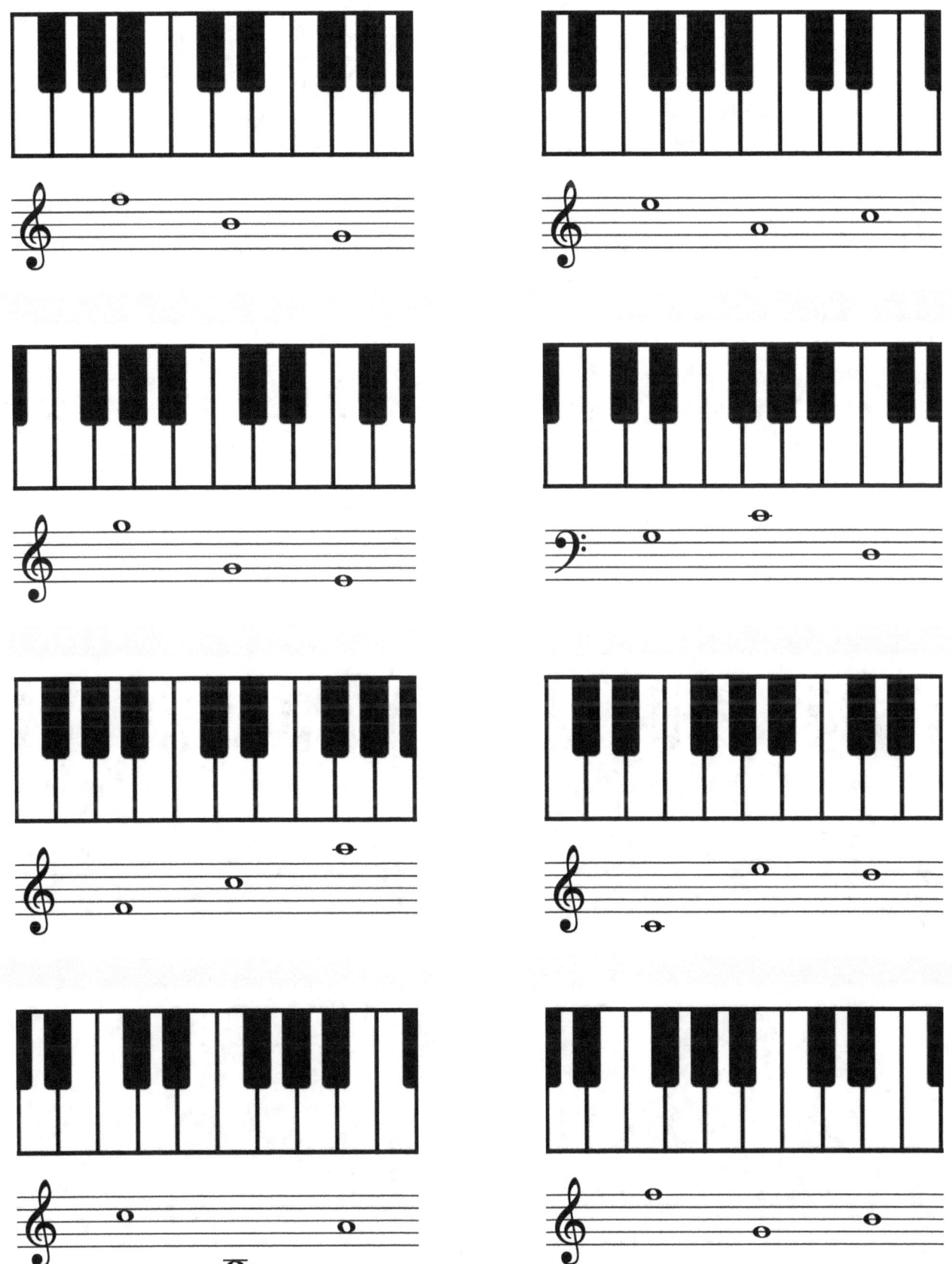

Zeichne die richtigen **Noten** *(ganze Note)* in die Notensysteme. Beachte die **Notenschlüssel**.

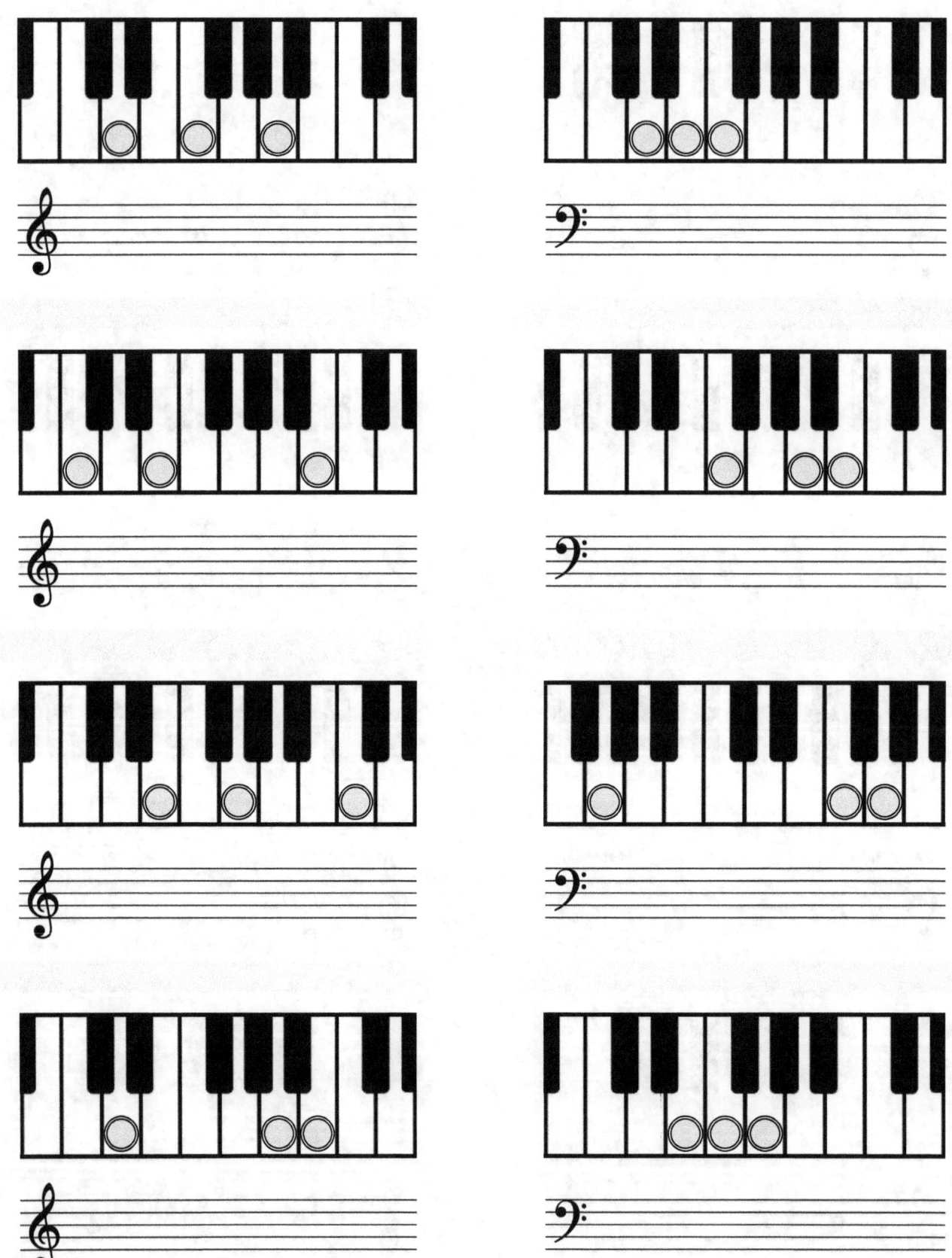

Zeichne die richtigen **Noten** *(ganze Note)* in die Notensysteme. Beachte die **Notenschlüssel**.

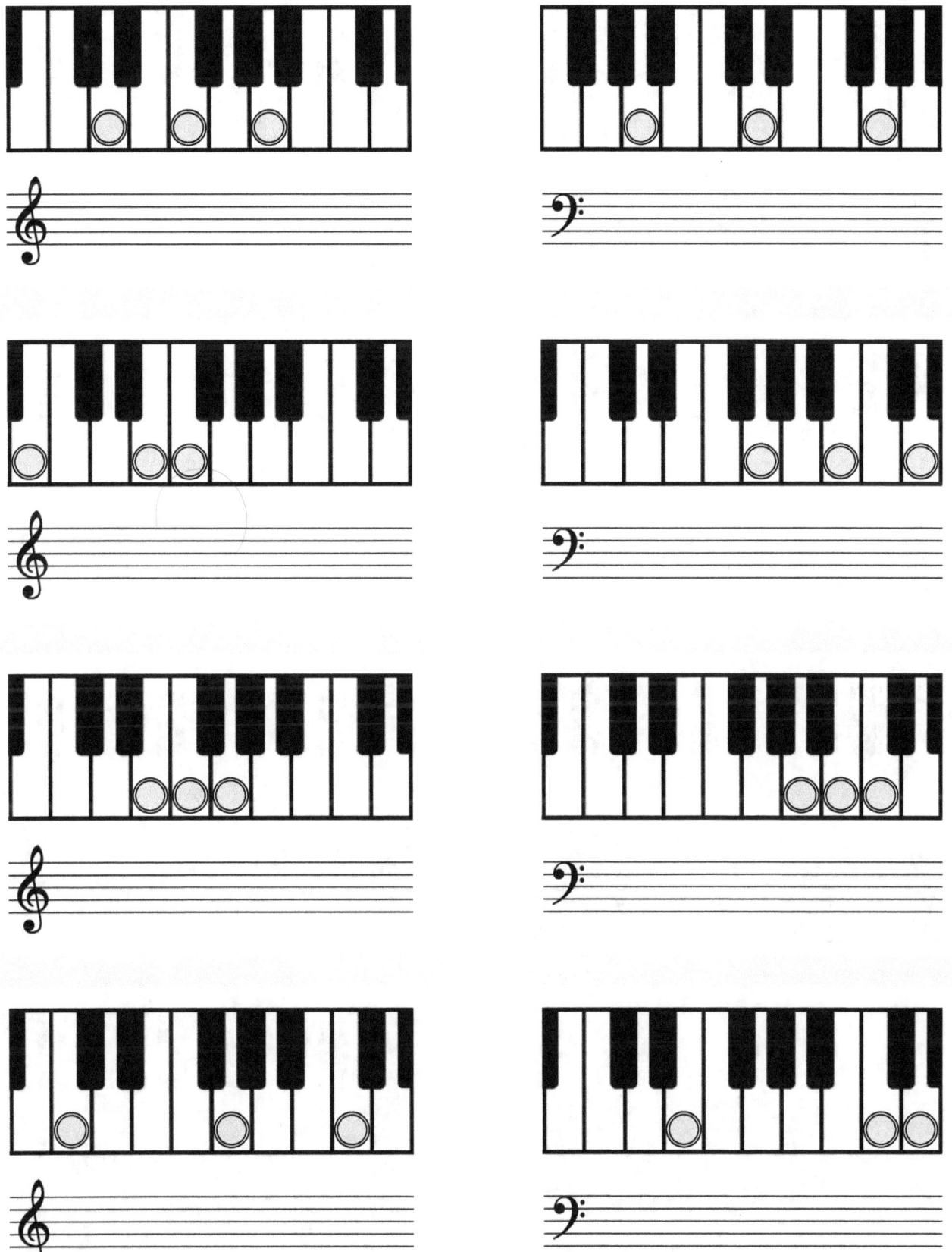

Kreise die korrekten **Tasten** auf der Tastatur ein. **Beachte** den Klaviatur-**Ausschnitt**.

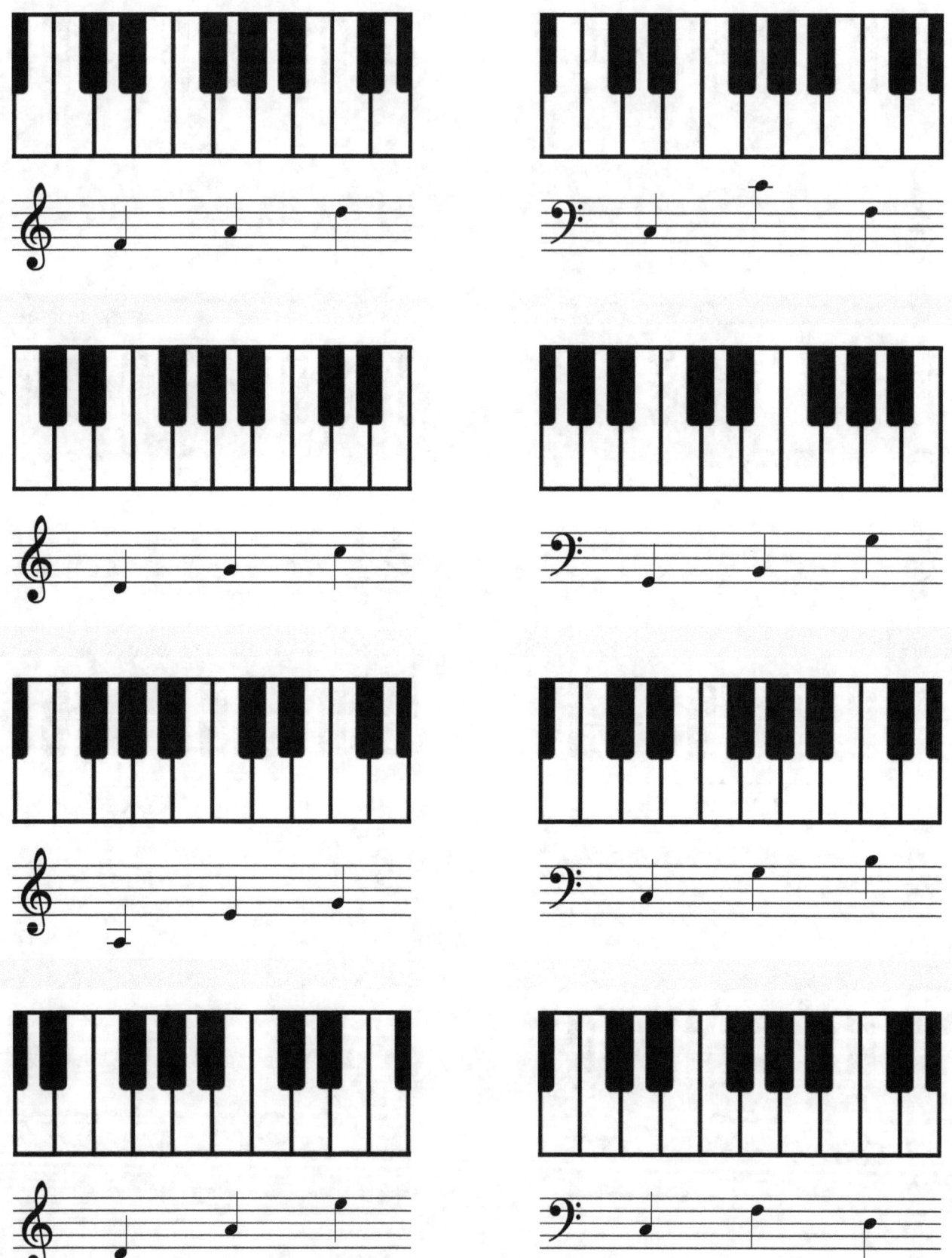

Fülle alle Lücken. **Zeichne** *(Viertel)* **Noten** in die Notensysteme und **Kreise** auf der Klaviatur.

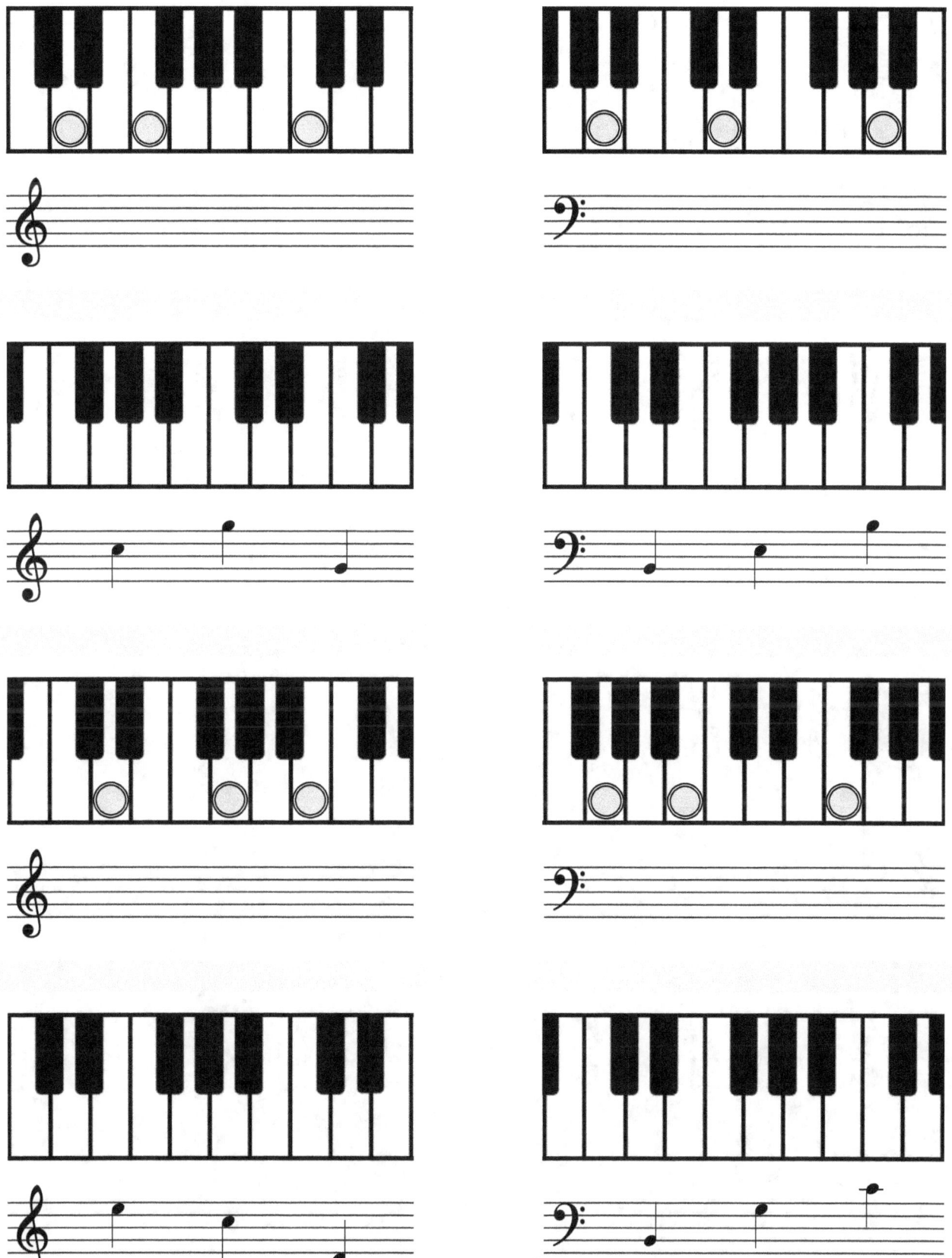

Fülle alle Lücken. **Zeichne** *(ganze)* **Noten** in die Notensysteme und **Kreise** auf der Klaviatur.

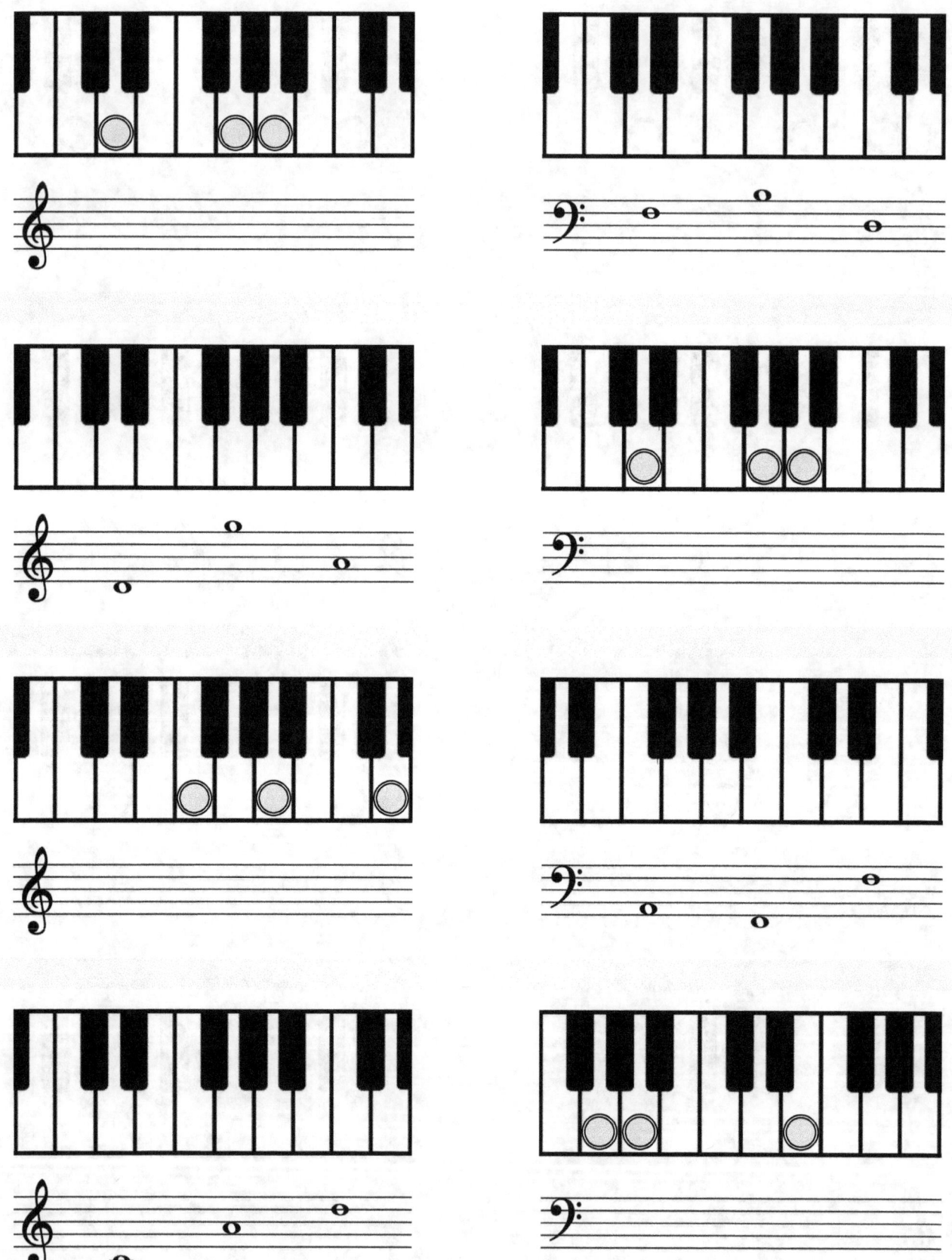

Fülle alle Lücken. **Zeichne** *(ganze)* **Noten** in die Notensysteme und **Kreise** auf der Klaviatur.

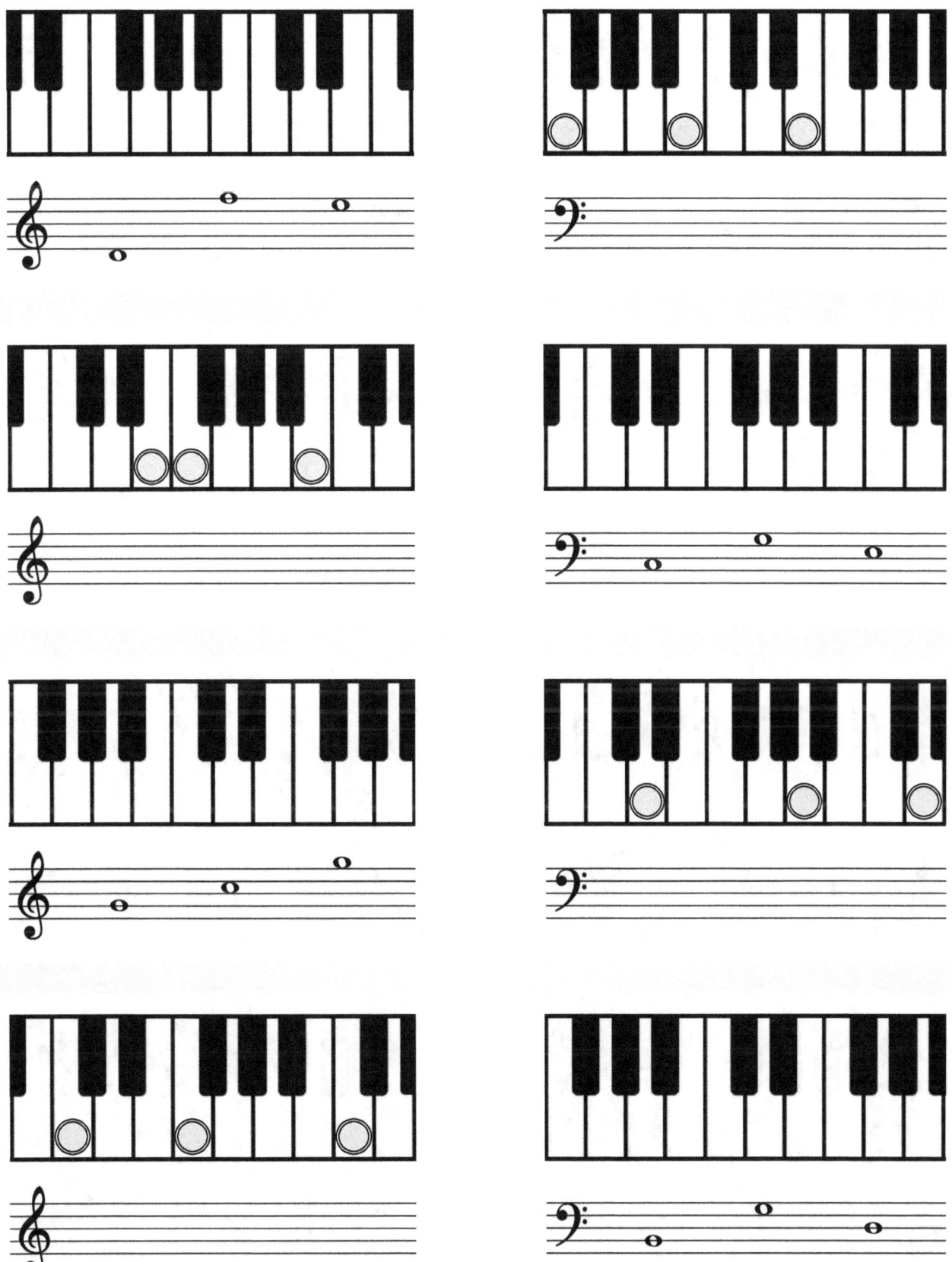

Fülle alle Lücken. **Zeichne** *(ganze)* **Noten** in die Notensysteme und **Kreise** auf der Klaviatur.

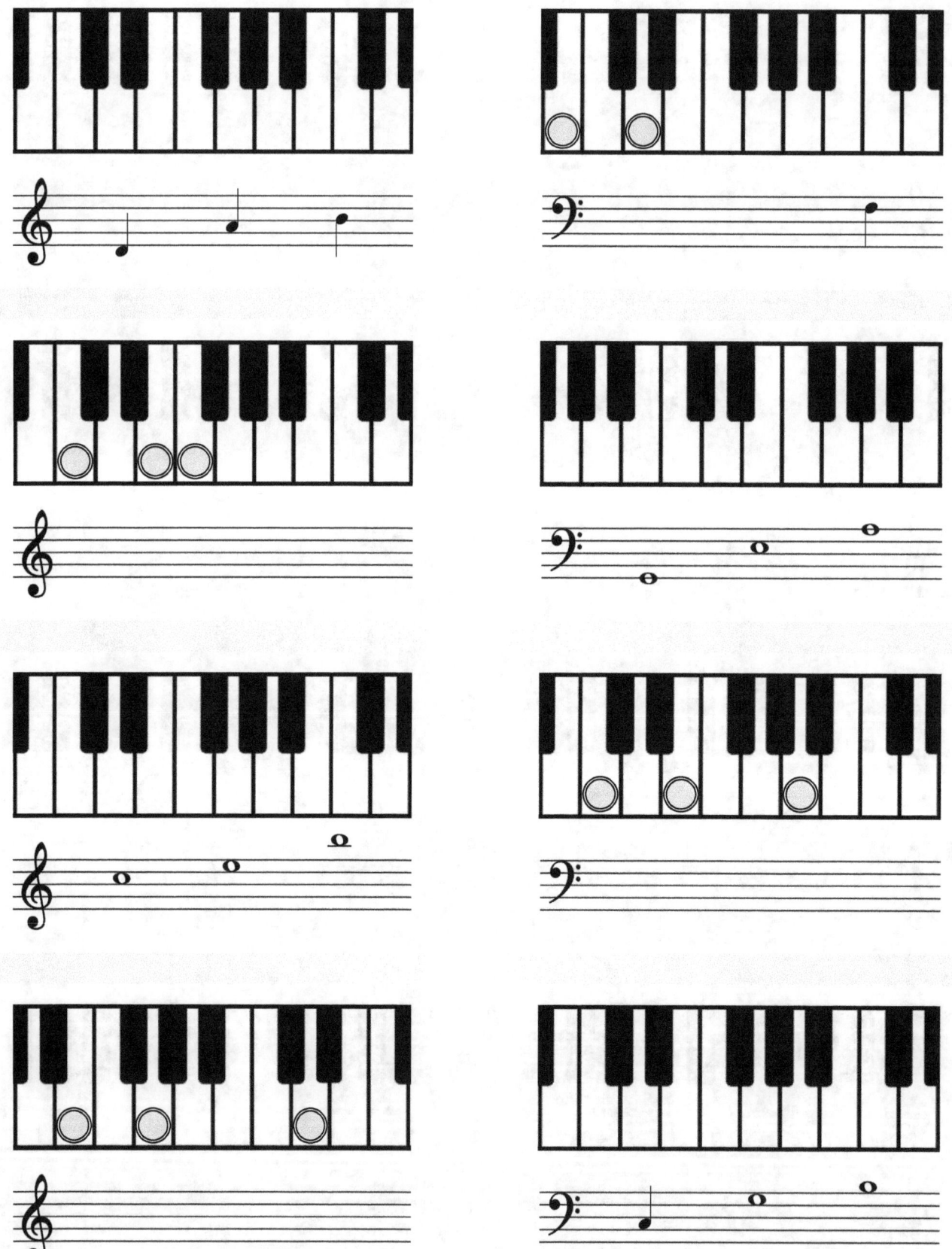

Fülle alle Lücken. **Zeichne** *(ganze)* **Noten** in die Notensysteme und **Kreise** auf der Klaviatur.

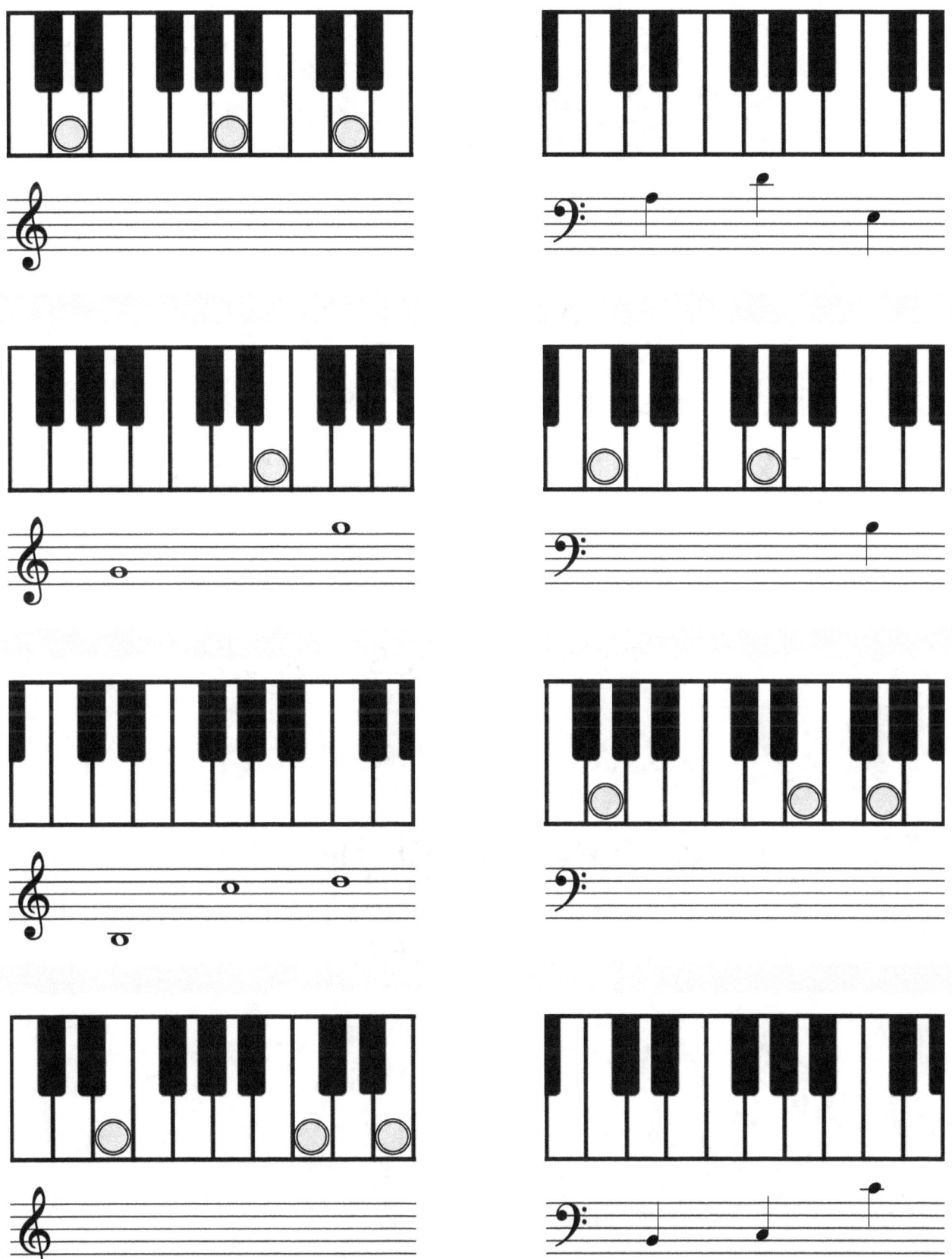

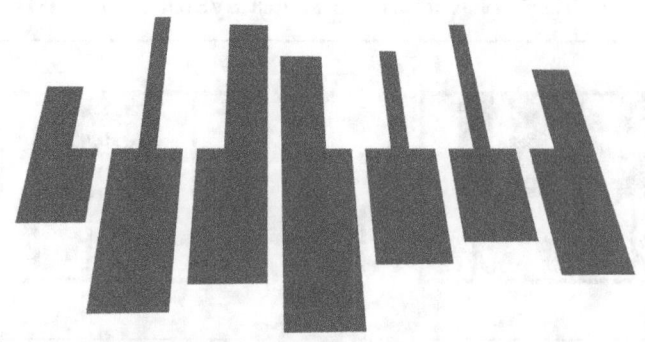

Kapitel 2

Takte, Notenwerte, Pausen

Das Notensystem: Taktstriche

Vertikale Linien, die sogenannten Taktstriche, unterteilen das Notensystem in kürzere Abschnitte, auch Takte genannt. Dies dient dazu die Musik rhytmisch zu strukturieren und leichter lesbar zu machen. Am Anfang der Musik wird in der Regel ebenfalls die Tonart und Taktangabe gemacht, auf welche wir in den nächsten Kapiteln (s.S. 66 ff.) eingehen. Grundsätzlich erleichtern Takte das Zählen und die Navigation durch ein Musikstück, besonders bei längeren oder komplexeren Kompositionen.

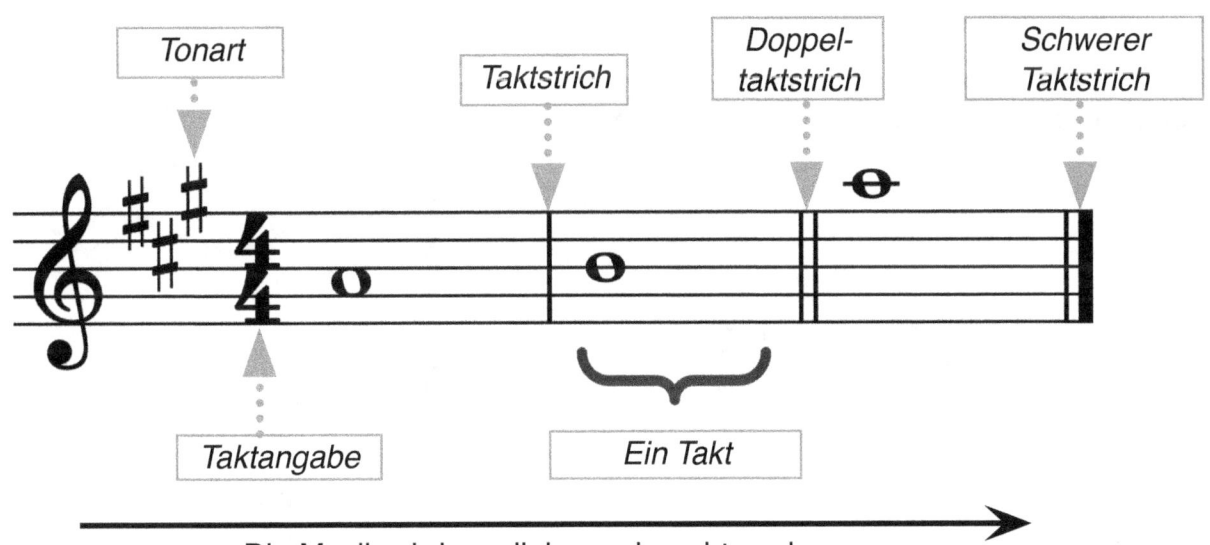

Die Musik wird von links nach rechts gelesen.

Definitionen

Taktstrich: Ein vertikaler Strich, welcher einen Takt von dem nächsten trennt. Er unterteilt die Musik in überschaubare Einheiten. Takte signalisieren wo man sich im Musikstück befindet, und werden durch Zahlen nummeriert. Eine übliche Schreibweise ist alle fünf Takte zu nummerieren, oder in jeder neuen Zeile eine Nummer mit dem Takt anzugeben. Der erste Takt ist Takt 1, der zweite Takt 2 und so weiter.

Doppeltaktstrich: Zwei vertikale Linien signalisieren das Ende eines Musikstücks oder eines Abschnitts innerhalb eines Musikstücks. Sie können auch eine wichtige Änderung wie den Wechsel der Tonart oder des Tempos anzeigen.

Schwerer Taktstrich: Ein dickerer vertikaler Strich, der oft das Ende eines Stücks oder eines größeren Abschnitts kennzeichnet. In manchen Fällen wird er auch verwendet, um verschiedene Teile eines Musikstücks stärker voneinander zu trennen.

Wiederholungszeichen: Ein Taktstrich, der mit zwei Punkten versehen ist. Er zeigt an, dass der Abschnitt der Musik wiederholt werden soll. Es gibt Start- und End-Wiederholungszeichen, die den Anfang und das Ende des zu wiederholenden Bereichs markieren, wobei die Punkte auf der -rechten oder -linken Seite der Linie stehen.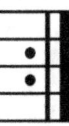

Notenwerte

In der geschriebenen Musik sind die beiden wichtigsten Dinge beim Notenlesen die Höhe der Note (wie hoch oder niedrig eine Note klingt) und dessen Länge (wie lange die Note anhält). Noten können verschiedene Werte besitzen (Länge der Note). Um die Höhe zu ermitteln schauen wir auf das Notensystem und die Tonart und wir sehen auf welcher Linie oder Zwischenraum diese Note liegt. Je höher diese liegt, desto höher klingt sie. Um die Länge zu ermitteln schauen wir zunächst auf das Tempo und die Taktart, welche zu Beginn eines Stückes definiert wird und dann sehen wir wie die Note ausschaut.

Noten können aus folgenden Teilen bestehen
(jeder Teil einer Note beeinflusst dessen Länge):

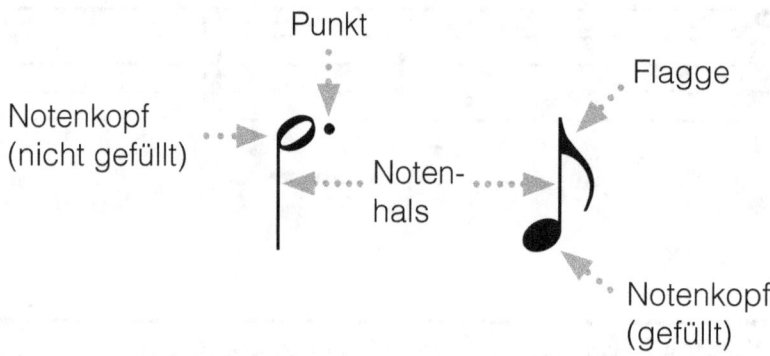

Noten können mehrere Flaggen besitzen, durch Balken miteinander verbunden sein, oder auch mehrere Punkte haben. All diese Eigenschaften wirken sich auf die Notenlänge aus.

Notenlänge

Die am häufigsten aufrtetenden Notenlängen sind:

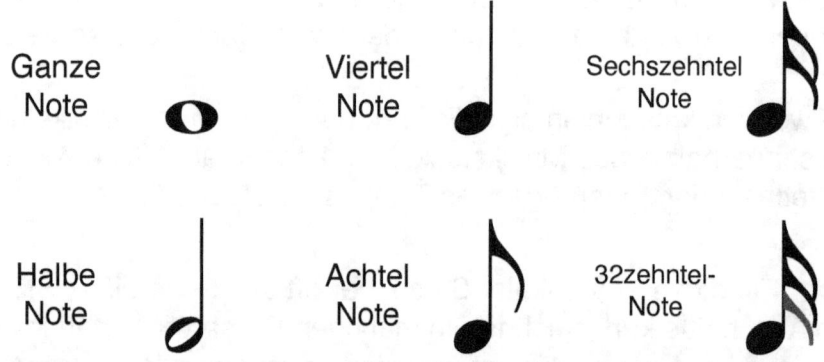

Die Noten und deren Längen stehen jeweils im Bezug auf die ganze Note und erhalten durch diese ihren Wert (Länge).
Eine halbe Note hält halb so lange an wie eine Ganze Note.
Eine Virtel Note dauert ein Viertel so lange wie eine Ganze Note.
Die Notenlängen gehen so weiter bis 32er Noten und gar 64er Notenlängen.

Mehr über Notenhälse

Der Notenhals hat keinen Einfluss auf die Notenlänge. Die grundsätzliche Idee ist die Noten so zu schreiben, dass die Musik so leicht wie möglich zu lesen und zu verstehen ist und diese sollten sich so weit wie möglich im Notensystem bewegen.

1 ganze Note = 2 halbe Noten = 4 Viertelnoten = 8 Achtelnoten etc...

Sie haben vielleicht auch bemerkt, dass sich die Notenlängen wie Brüche in der Mathematik anhören. In der Tat funktionieren sie sehr ähnlich wie Brüche: So sind zwei halbe Noten entsprechend (dauern so lange wie) einer ganzen Note; vier Achtelnoten sind genauso lang wie eine halbe Note, und so weiter.

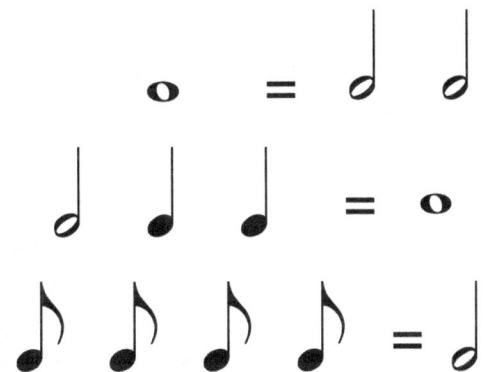

Es gibt jedoch keine Drittelnoten, Fünftelnoten oder Zehntelnoten etc.

Allerdings gibt es in der geschriebenen Musik ungewöhnliche Längen um Noten weiter zu unterteilen. Zwei sehr häufig verwendete Schreibweisen sind die Noten mit Punkten und Haltebögen zu versehen.

Notenpunkt

Gepunktete Noten sind einundhalb mal länger wie die selbe Note ohne Punkt. Die Note behält ihren ursprünglichen Wert und der Punkt gibt ihr nochmal die Hälfte der Länge dazu. Mit zwei Punkten addiert sich nochmals die Hälfte des Punktes davor und so weiter.

Haltebögen (gebundene Noten)

Eine halbe Note mit Punkt dauert so lange an wie eine halbe Note und eine Viertelnote. Die selbe Länge kann man auch mit einer halben Note und einem Haltebogen zu einer Viertelnote erzielen.
Das Symbol für eine Bindung ist eine gebogene Linie, die zwei oder mehrer Töne der gleichen Tonhöhe verbindet. (Die Noten müssen auf der gleichen Linie oder Zwischenraum liegen).

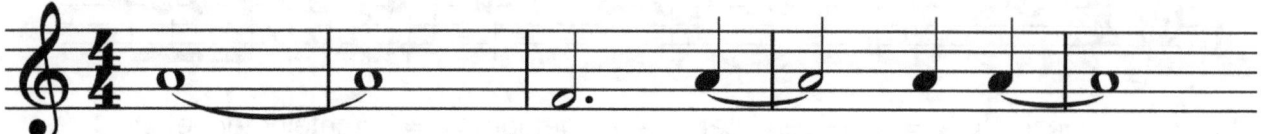

Gebundene Noten sind der einzige Weg um Noten über Barlinien hinaus zu erweitern. Der Ton aus gebundenen Noten entspricht einem Ton mit der Länge der gesamten gebundenen Noten. Das heisst in der Abbildung oben sind 8 Noten geschrieben jedoch wenn gespielt werden nur 5 Noten.

Noten mit Balken

Sie haben vielleicht bemerkt, dass einige der Achtelnoten in der Abbildung keine Fähnchen haben; stattdessen sind sie mit einem Balken mit einer anderen Achtelnote verbunden.

Wenn Achtelnoten nebeneinander stehen, können ihre Fähnchen durch Balken ersetzt werden, die die Noten zu leicht lesbaren Gruppen verbinden.

Die Balken können Noten verbinden, die alle im gleichen Schlag liegen, oder in manchen Vokalmusikstücken Noten, die auf derselben Textsilbe gesungen werden. Jede Note wird so viele Balken haben, wie sie Fähnchen hätte.

Pausenzeichen

Jedes Pausenzeichen entspricht einer bestimmen Note in ihrer Dauer. Pausen sind nicht einfach nur "Stille", sondern aktive Elemente in der Musik die den Rhytmus gestalten und zur Dynamik beitragen.

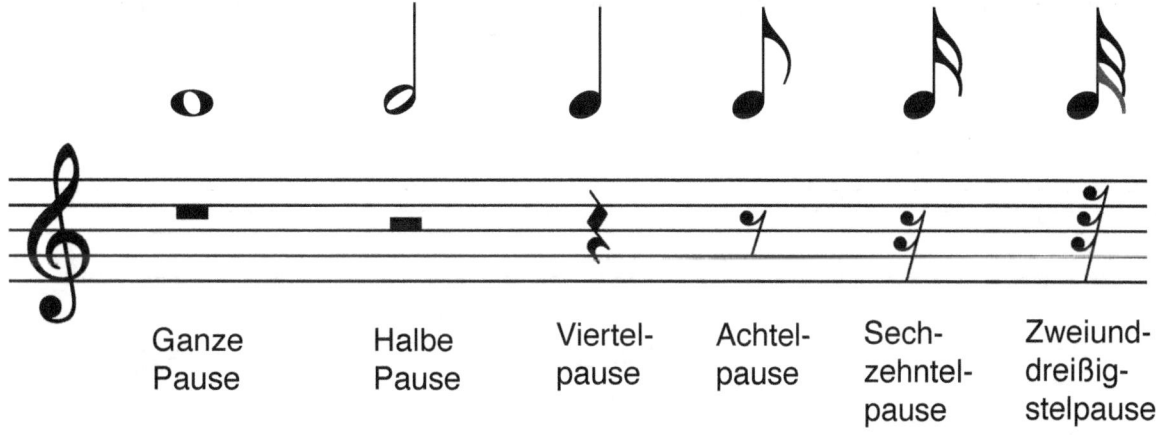

| Ganze Pause | Halbe Pause | Viertel-pause | Achtel-pause | Sech-zehntel-pause | Zweiund-dreißig-stelpause |

Pausen bedeuten nicht zwangsläufig Stille, sondern können ebenfalls als Platzhalter benutzt werden für mehrstimmige Rhythmen, selbst wenn eine Person beide Teile spielt.

Grundregeln für die Richtung der Notenhälse

Noten unterhalb der Mittellinie des Notensystems sollten einen nach oben gerichteten Notenhals haben. Noten auf oder über der Mittellinie sollten einen nach unten gerichteten Notenhals haben.

Einzelnoten

Im Allgemeinen richtet sich die Richtung des Notenhalses nach der Note, die am weitesten von der Mittellinie des Notensystems entfernt ist.

Blockakkorde

Auch hier richtet sich die Richtung der Notenhälse normalerweise nach der Note, die am weitesten vom Zentrum des Notensystems entfernt ist, um den Balken in der Nähe des Notensystems zu halten.

Noten mit Balken

Bei unterschiedlichen Rhythmen können die Notenhälse auch in beide Richtungen gegensätzlich geschrieben werden, es gilt die Musik leicht und deutlich lesbar zu machen.

Rhythmen

Vervollständige das Notensystem:

Nummerierung für alle Takte / **Doppeltaktstrich** nach Takt 4 / **Ganze Pause** in jedem Takt

Beispiel

Takt _1_   Takt ___   Takt ___

Takt ___   Takt ___   Takt ___

Zeichne in das Notensystem:

Acht **Takte** / **Schwerer Taktstrich** in Takt 8 / **End-Widerhohlungszeichen** in Takt 4

Vervollständige das Notensystem:

Zeichne die **angegebenen Symbole** in die Takte ein.

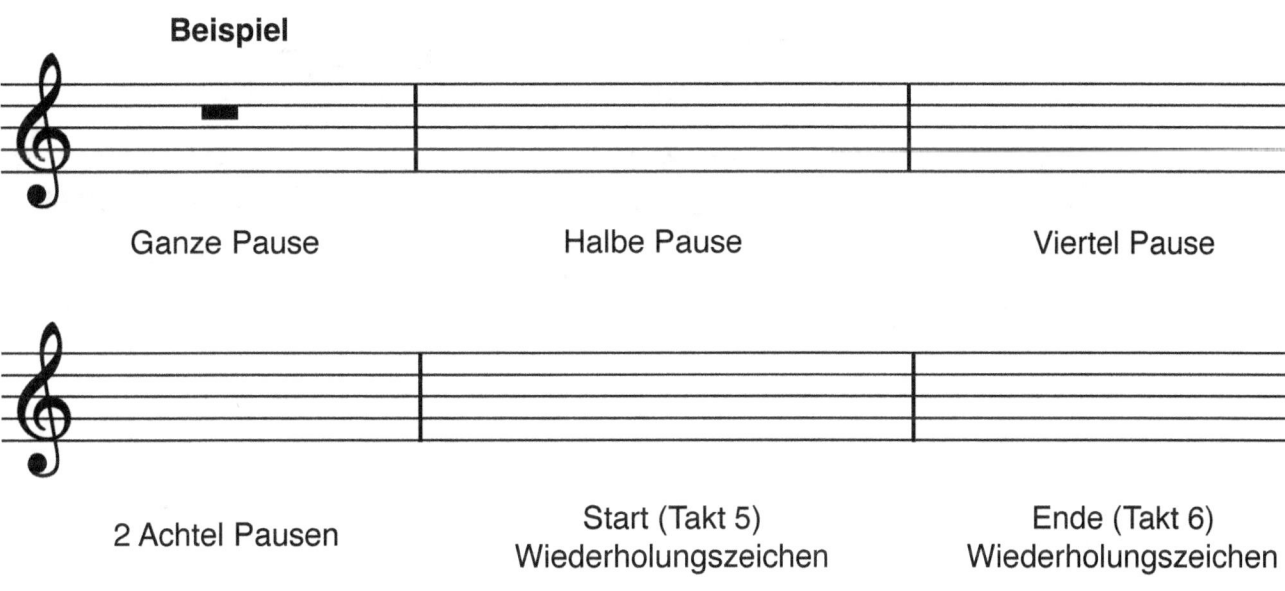

Beispiel

Ganze Pause | Halbe Pause | Viertel Pause

2 Achtel Pausen | Start (Takt 5) Wiederholungszeichen | Ende (Takt 6) Wiederholungszeichen

Zeichne in das Notensystem:

Sechs **Takte** / Einen **schweren Taktstrich** in Takt 6 / Eine **ganze Pause** in Takt 2,4,5

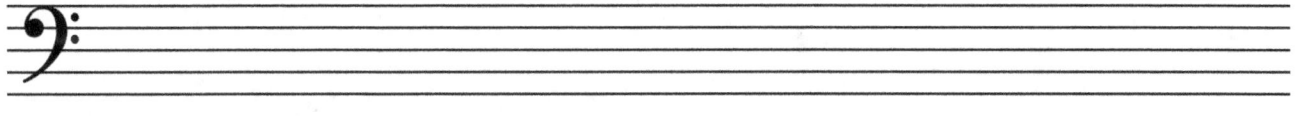

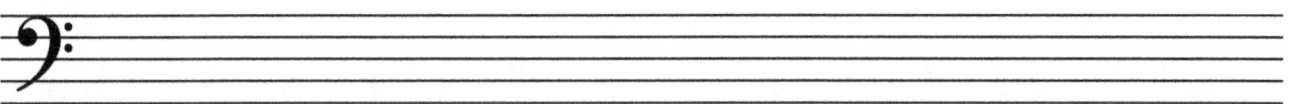

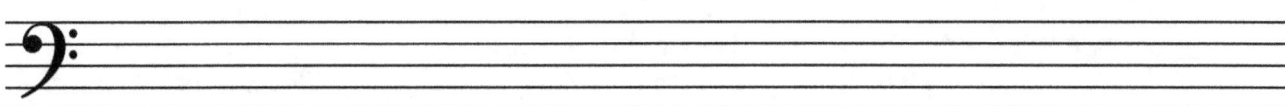

Vervollständige die Schaubilder:

Zeichne die Noten in die Kästchen und **ergänze den Notenwert** darunter in Zahlen

o =

1 Ganze Note
= _____ Viertel

♩ =

1 Halbe Note
= _____ Viertel

o + ♩ =

1 Ganze + 1 Halbe
= _____ Halbe + _____ Achtel

o =

1 Ganze Note
= _____ Achtel

♩ =

1 Halbe
= 1 Viertel + _____ Achtel

♩ ♩ =

2 Halbe
= 1 Halbe Punkt + _____ Viertel

Vervollständige die Schaubilder:

Auflösen der Noten mit Balken zu **freistehenden Noten**

♫ =

Balken
= _____ Achtel Noten

♬ =

Balken
= _____ Sechzehntel Noten

♬♬ =

Balken
= _____ Achtel Noten

♬♬ =

Balken
= _____ Sechzehntel Noten

♬ =

Balken
= _____ Sechzehntel Noten
+ _____ Achtel Noten

♫♬ =

Balken
= _____ Achtel Noten
+ _____ Sechzehntel Noten

Vervollständige die Schaubilder:

Zeichne die Noten in die Kästchen und **ergänze den Notenwert** darunter in Zahlen

♩ = [ ]

1 Viertelnote
= ____ Achtel

♩. = [ ]

1 Halbe gepunktet
= ____ Viertel

𝅝. = [ ]

1 Ganze gepunktet
= ____ Halbe

𝅝.. = [ ]

1 Ganze mit 2 Punkten
= ____ Halbe + ____ Viertel

♩.. = [ ]

1 Viertel mit 2 Punkten
= ____ Achtel +
____ Sechzehntel

♩ + ♩ = [ ]

1 Halbe + 1 Viertel
= ____ Achtel

Vervollständige die Schaubilder:

Verbinden der freien Noten zu **Noten mit Balken**

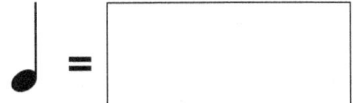 = [ ]

3 Achtel
= ____ Balken Achtel

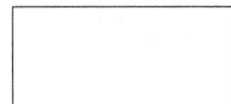 = [ ]

Sechzehntel + Achtel
= ____ & ____ Balken

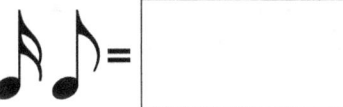 = [ ]

3 Sechzehntel
= ____ Balken

 = [ ]

2 Achtel + 1 Sechzehntel
= ____ & ____ Balken

 = [ ]

4 Zweiunddreißigstel
= ____ Balken

 = [ ]

2 Sechzehntel + 1 Achtel
= ____ & ____ & ____ Balken

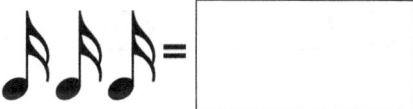

Vervollständige die Notensysteme:

Für jede Note, **zeichne** eine Pause der **selben Länge**. Der erste Takt ist vorgegeben.

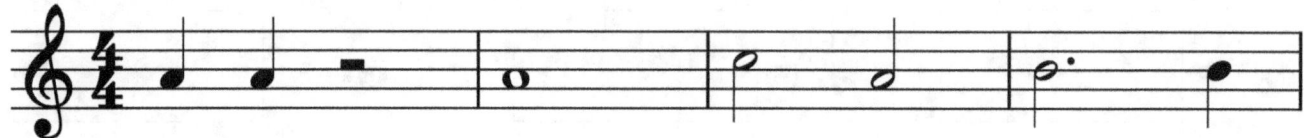

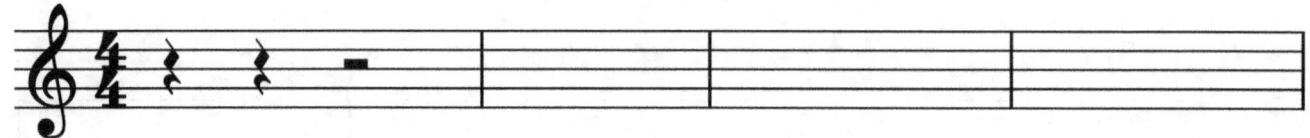

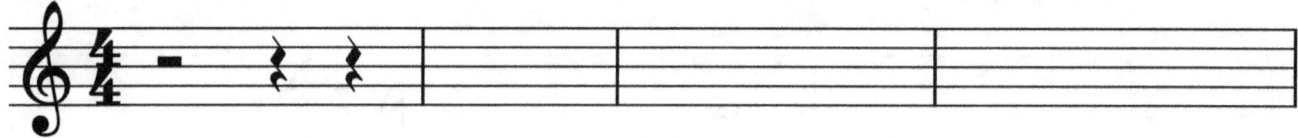

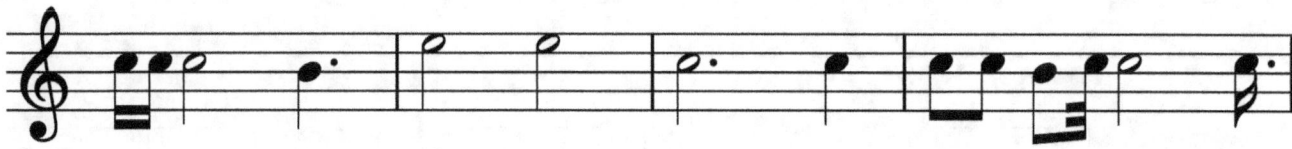

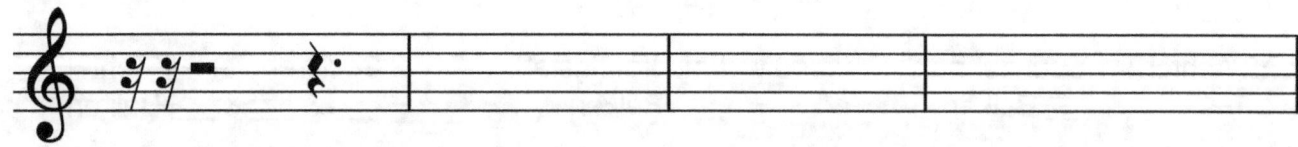

Vervollständige die Notensysteme:

Für jede Note, **zeichne** eine Pause der **selben Länge**. Das erste System ist vorgegeben.

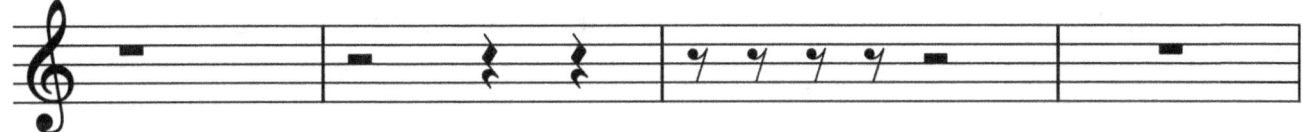

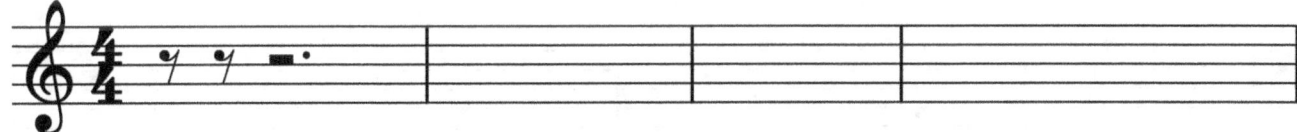

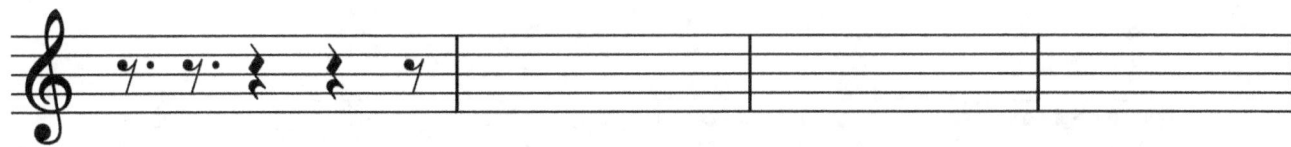

Vervollständige die Notensysteme:

Für jedes Kästchen, **zeichne** die Anzahl der **Noten / Pausen** in die Takte darüber ein.

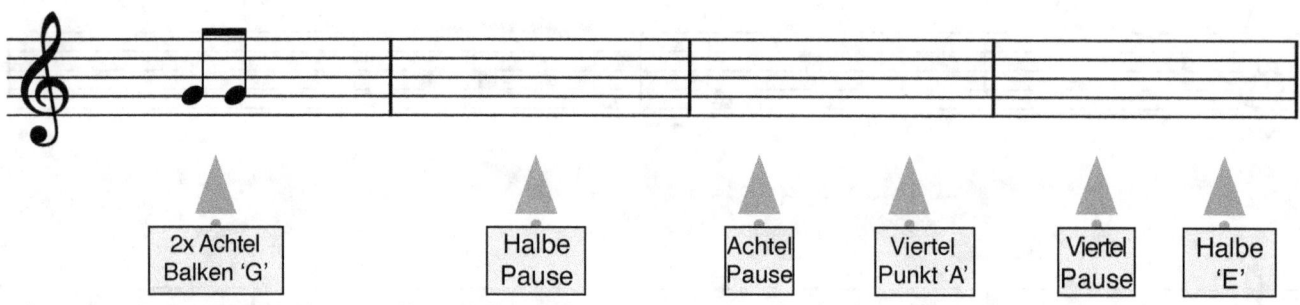

2x Achtel Balken 'G' · Halbe Pause · Achtel Pause · Viertel Punkt 'A' · Viertel Pause · Halbe 'E'

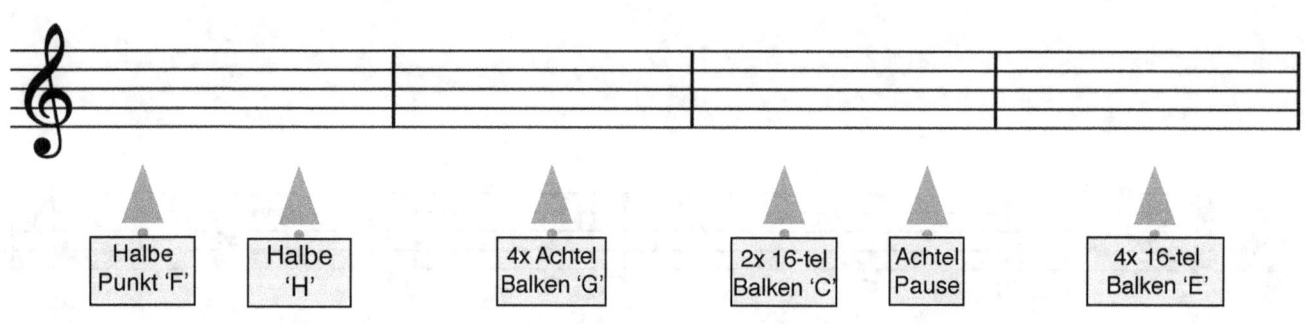

Halbe Punkt 'F' · Halbe 'H' · 4x Achtel Balken 'G' · 2x 16-tel Balken 'C' · Achtel Pause · 4x 16-tel Balken 'E'

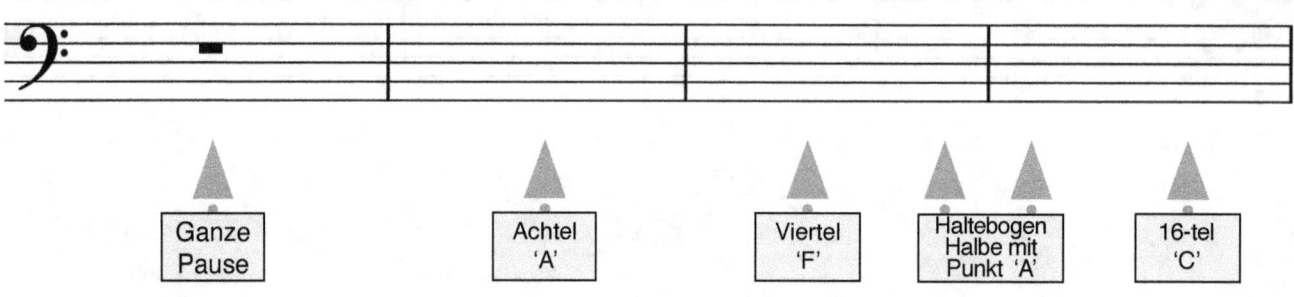

Ganze Pause · Achtel 'A' · Viertel 'F' · Haltebogen Halbe mit Punkt 'A' · 16-tel 'C'

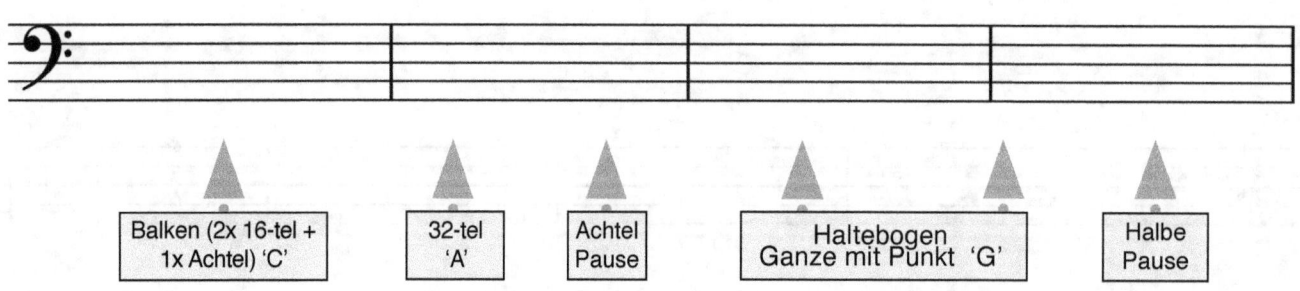

Balken (2x 16-tel + 1x Achtel) 'C' · 32-tel 'A' · Achtel Pause · Haltebogen Ganze mit Punkt 'G' · Halbe Pause

Vervollständige die Notensysteme:

Für jedes Kästchen, **zeichne** die Anzahl der **Noten / Pausen** in die Takte darüber ein.

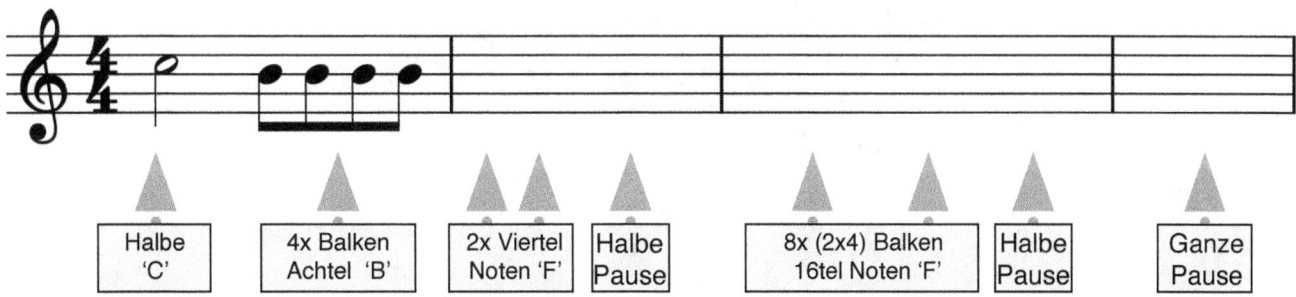

| Halbe 'C' | 4x Balken Achtel 'B' | 2x Viertel Noten 'F' | Halbe Pause | 8x (2x4) Balken 16tel Noten 'F' | Halbe Pause | Ganze Pause |

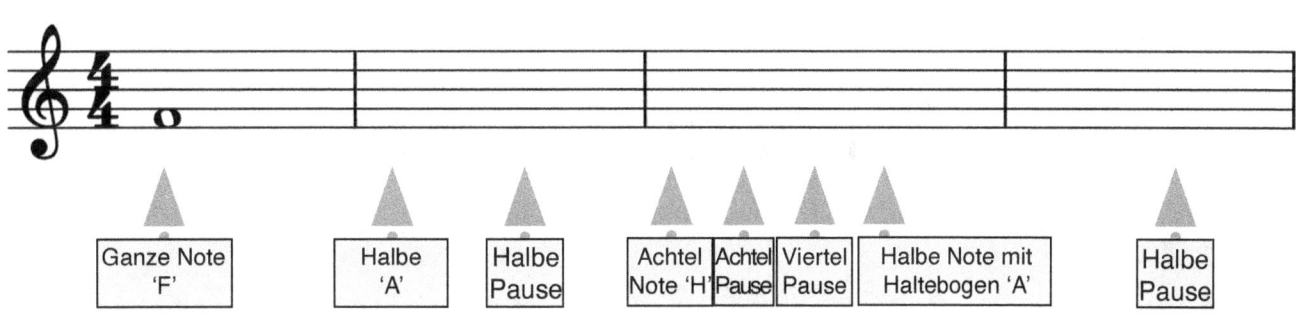

| Ganze Note 'F' | Halbe 'A' | Halbe Pause | Achtel Note 'H' | Achtel Pause | Viertel Pause | Halbe Note mit Haltebogen 'A' | Halbe Pause |

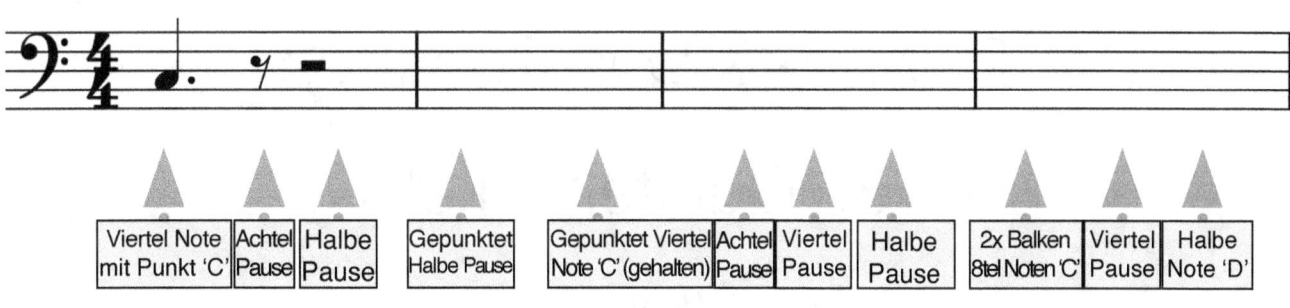

| Viertel Note mit Punkt 'C' | Achtel Pause | Halbe Pause | Gepunktet Halbe Pause | Gepunktet Viertel Note 'C' (gehalten) | Achtel Pause | Viertel Pause | Halbe Pause | 2x Balken 8tel Noten 'C' | Viertel Pause | Halbe Note 'D' |

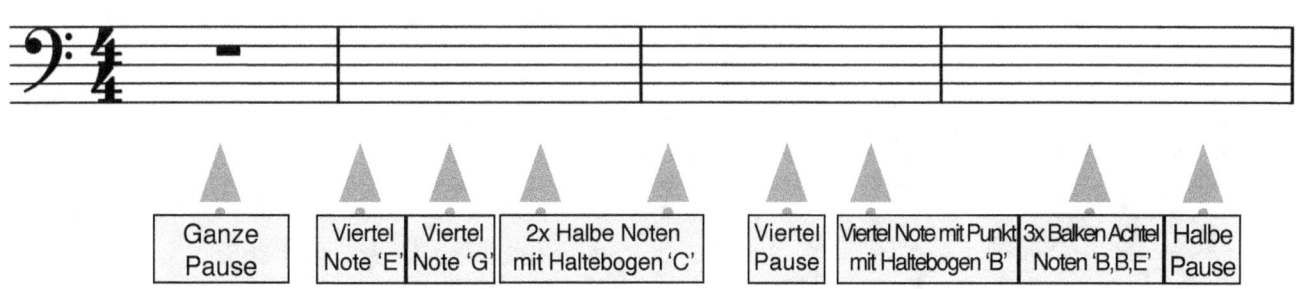

| Ganze Pause | Viertel Note 'E' | Viertel Note 'G' | 2x Halbe Noten mit Haltebogen 'C' | Viertel Pause | Viertel Note mit Punkt mit Haltebogen 'B' | 3x Balken Achtel Noten 'B,B,E' | Halbe Pause |

Kapitel 3

Tonhöhe & Tonart

Tonhöhe

Die Tonhöhe einer Note beschreibt, wie hoch oder tief sie klingt. Musiker geben den verschiedenen Tonhöhen einfach unterschiedliche Buchstabenbezeichnungen: C, D, E, F, G, A und H.

Diese sieben Buchstaben benennen alle natürlichen Töne (auf einer Klaviatur sind das alle weißen Tasten) innerhalb einer Oktave.

Eine Oktave ist der Abstand zwischen zwei Noten mit dem selben Namen. Wenn man zum achten natürlichen Ton gelangt, beginnt man die nächste Oktave mit einem weiteren C.)

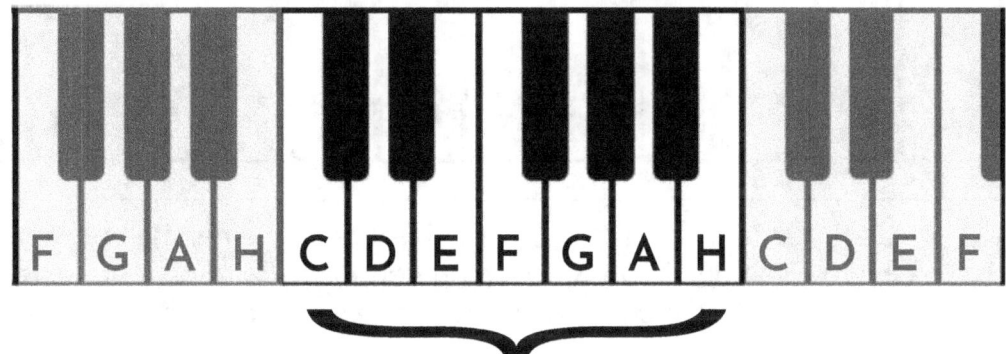

Diese 7 Buchstaben bezeichnen die natürlichen Noten (alle weissen Tasten) innerhalb einer Oktave. Das nächste 'C' (Note 8) beginnt die nächste Oktave (*von latein octo = acht*).

Aber in der westlichen Musik gibt es in jeder Oktave zwölf Töne, die gebräuchlich sind. Wie benennt man die anderen fünf Töne (auf einer Klaviatur, die schwarzen Tasten)?

In der Musiknotation gibt es drei wichtige Vorzeichen: das „b"-Symbol (♭), das Kreuz (#) und das Auflösungszeichen (♮). Diese Symbole ändern die Tonhöhe einer Note und sind entscheidend, um die schwarzen Tasten auf der Klaviertastatur zu beschreiben.

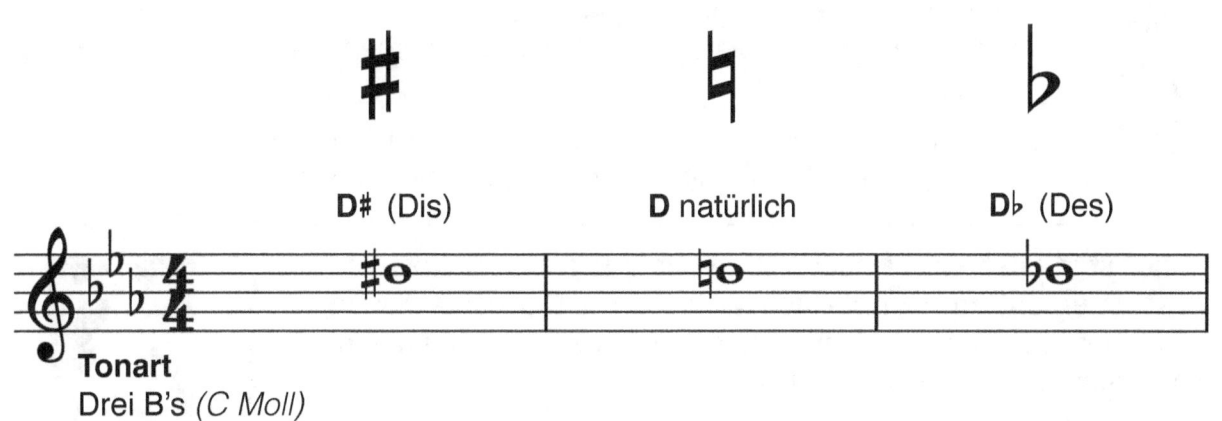

D# (Dis)   **D** natürlich   **D♭** (Des)

Tonart
Drei B's *(C Moll)*

Kreuze, B's, und Auflösungszeichen können entweder in der Tonart geschrieben werden, oder vor den einzelnen Noten welche sie ändern sollen.

Eine Oktave besteht aus sieben weißen und fünf schwarzen Tasten. Die sieben weißen Tasten heißen C, D, E, F, G, A und H, die fünf schwarzen Tasten je nach musikalischem Zusammenhang Cis, Dis, Fis, Gis, und Ais (Erhöhung der Stammtöne) oder Des, Es, Ges, As und B (Erniedrigung der Stammtöne). Zum Beispiel is von C nach C eine Oktave, von F → F, oder von G → G, usw.

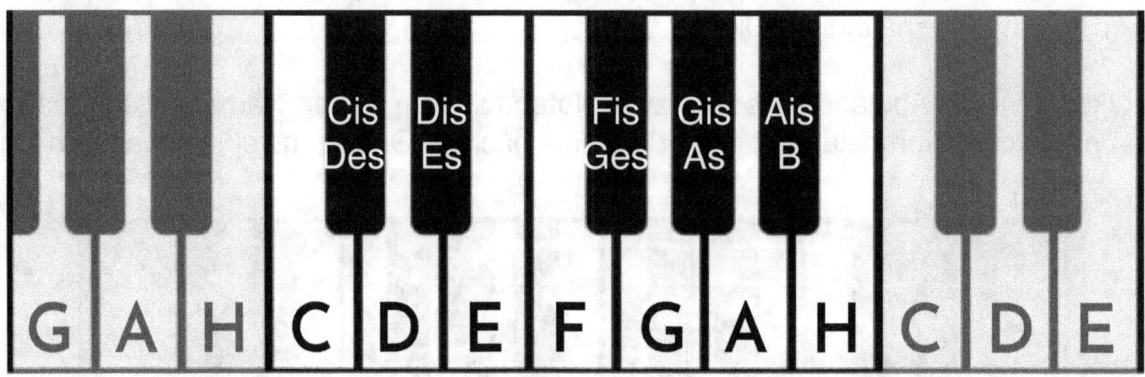

Das Kreuz	Das Kreuz (engl. "sharp") erhöht eine Note um einen halben Ton (Halbtonschritt). Eine durch ein Kreuz veränderte Note wird also um einen Halbton höher gespielt. Durch Kreuze veränderte Noten erhalten den Zusatz „-is".
#	Zum Beispiel: F wird zu Fis (oder im englischen F#, gesprochen "F-sharp") C wird zu Cis (oder im englischen C# gesprochen "C-sharp")
Auflösungs-zeichen ♮	Das Auflösungszeichen (engl. "natural") hebt eine vorherige Erhöhung oder Erniedrigung durch ein Kreuz oder "b" auf und bringt die Note zurück zu ihrer natürlichen Tonhöhe. Diese Noten sind Stammtöne ohne "-is" oder "-es". Zum Beispiel: Fis (F#) wird durch das Auflösungszeichen wieder zu F. Cis (C#) wird durch das Auflösungszeichen wieder zu C.
Das "b" -Symbol ♭	Das "b"-Symbol (engl. "flat") senkt eine Note um einen Halbton ab. Eine durch ein "b" veränderte Note wird also um einen Halbton niedriger gespielt. Die Noten erhalten die Endung "-es". Ausnahmen hier sind As, Es, und B. Zum Beispiel: D wird zu Des (oder im englischen D♭, gesprochen "D-flat") H wird zu B (oder im englischen B♭, gesprochen "B-flat")

Das heisst in unserem Beispiel mit der Note D auf dem Notenstab: Das Kreuz erhöht um einen Halbton nach oben zu Dis, das Auflösungzeichen bringt dieses zurück auf D natürlich. Das "b" senkt um einen Halbtonschritt, somit wird D zu Des.

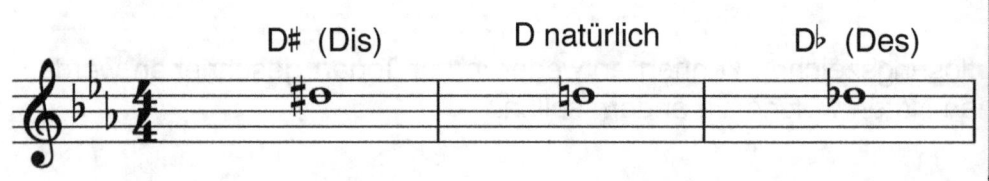

Ein Halbtonschritt auf dem Klavier ist der kleinste Abstand zwischen zwei benachbarten Tasten (z.B. von einer weißen zur nächsten schwarzen Taste), während ein Ganztonschritt aus zwei Halbtonschritten besteht (z.B. von einer weißen Taste zur übernächsten weißen Taste). Wenn zwei weiße Tasten keine schwarze Taste dazwischen haben dann ist dies ein Halbtonschritt von weiß zu weiß. (H - C, und E - F)

Cis und Des klingen identisch, da die selbe Taste gespielt wird, schreiben sich jedoch unterschiedlich, je nach dem ob ein Kreuz oder "b" benutzt wird.

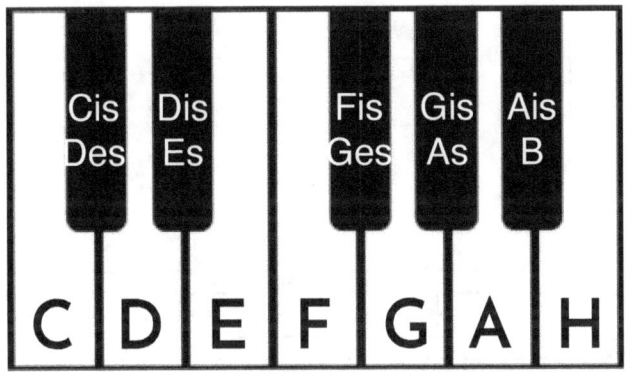

Natürliche Noten	Kreuz-Noten #	B-Noten ♭
C	Cis	Ces
D	Dis	Des
E	Eis	Es
F	Fis	Fes
G	Gis	Ges
A	Ais	As
H	His	B

Die folgende Tabelle gibt die Beziehung von Kreuz Noten, "b" Noten und natürlichen Noten an und dient als Lernhilfe.

Beispiel

"b"-Symbol

♭

Noten mit 'B's fallen nicht immer auf eine schwarze Taste.
F → Fes
(Dies ist eine weiße Taste, natürliches 'E')

G → Ges

H → B

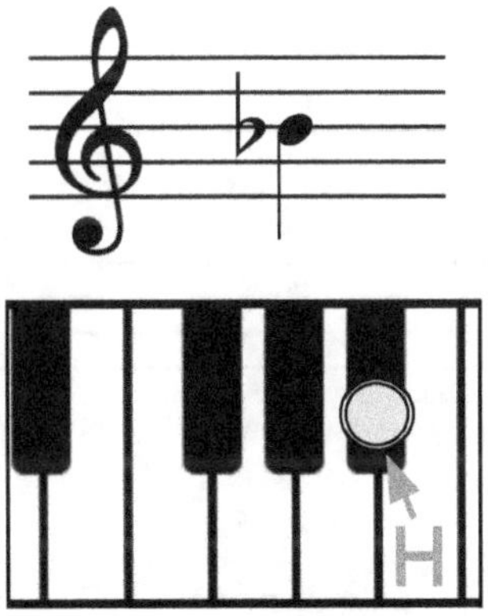

F → Fes

Kreuz

#

Noten durch ein Kreuz erhöht können ebenso eine weisse Taste sein.
E → Eis
(Dies ist eine weiße Taste, natürliches 'F')

G → Gis

F → Fis

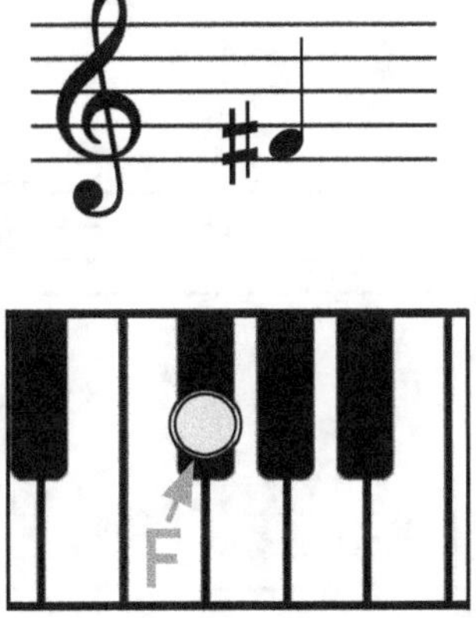

E → Eis

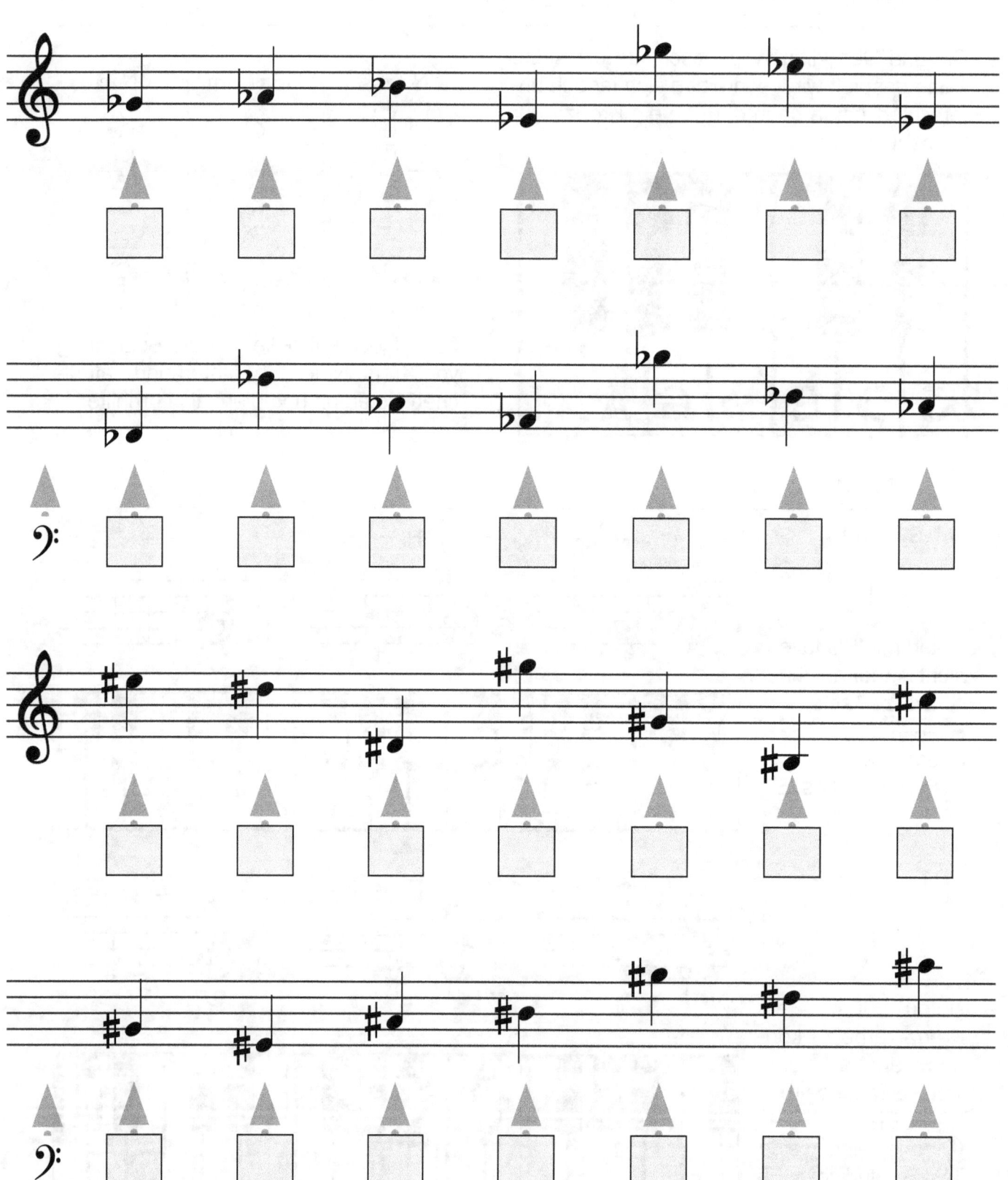

Schreibe die richtigen Notennamen in die Kästchen. Beachte / zeichne die Notenschlüssel.

Schreibe / zeichne die richtigen **Notennamen / Noten**. **Beachte / zeichne** die **Notenschlüssel**.

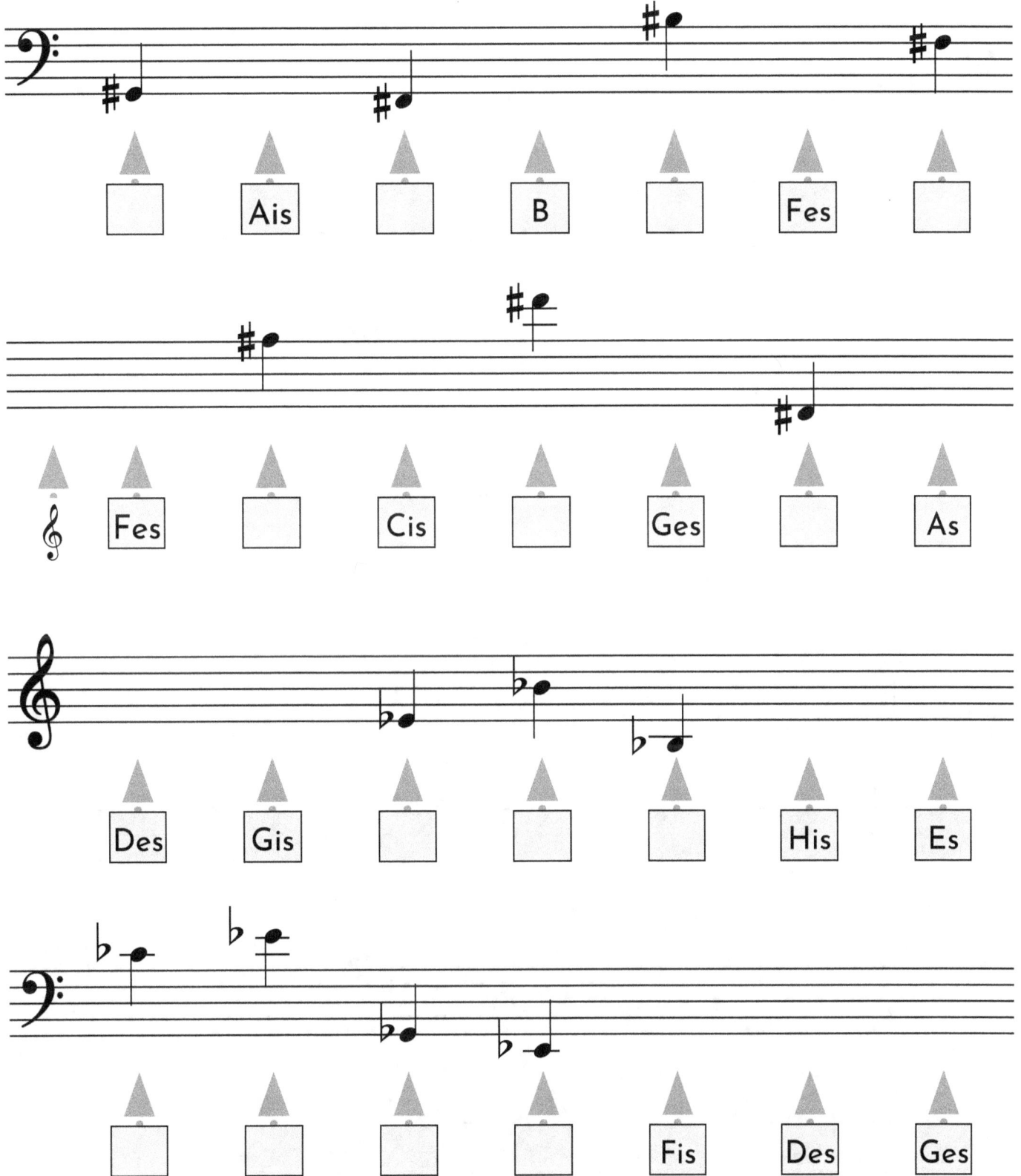

Übungsblatt 30

Schreibe die richtigen **Notennamen** in die Kästchen. Beachte / zeichne die **Notenschlüssel**.

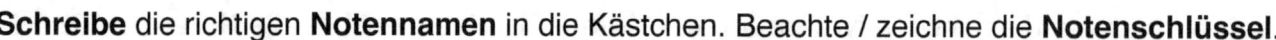

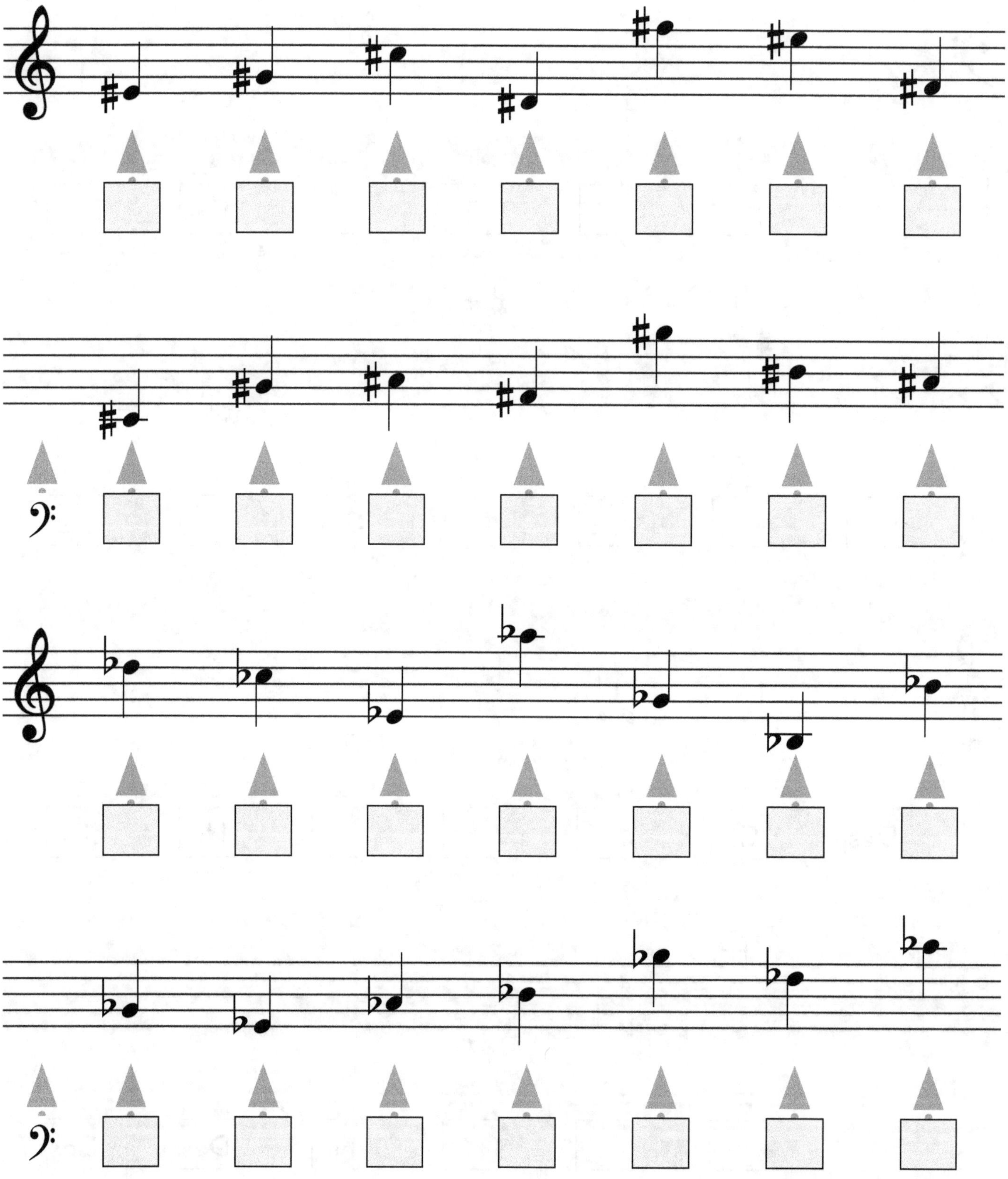

Schreibe / zeichne die richtigen **Notennamen / Noten**. Beachte / zeichne die **Notenschlüssel**.

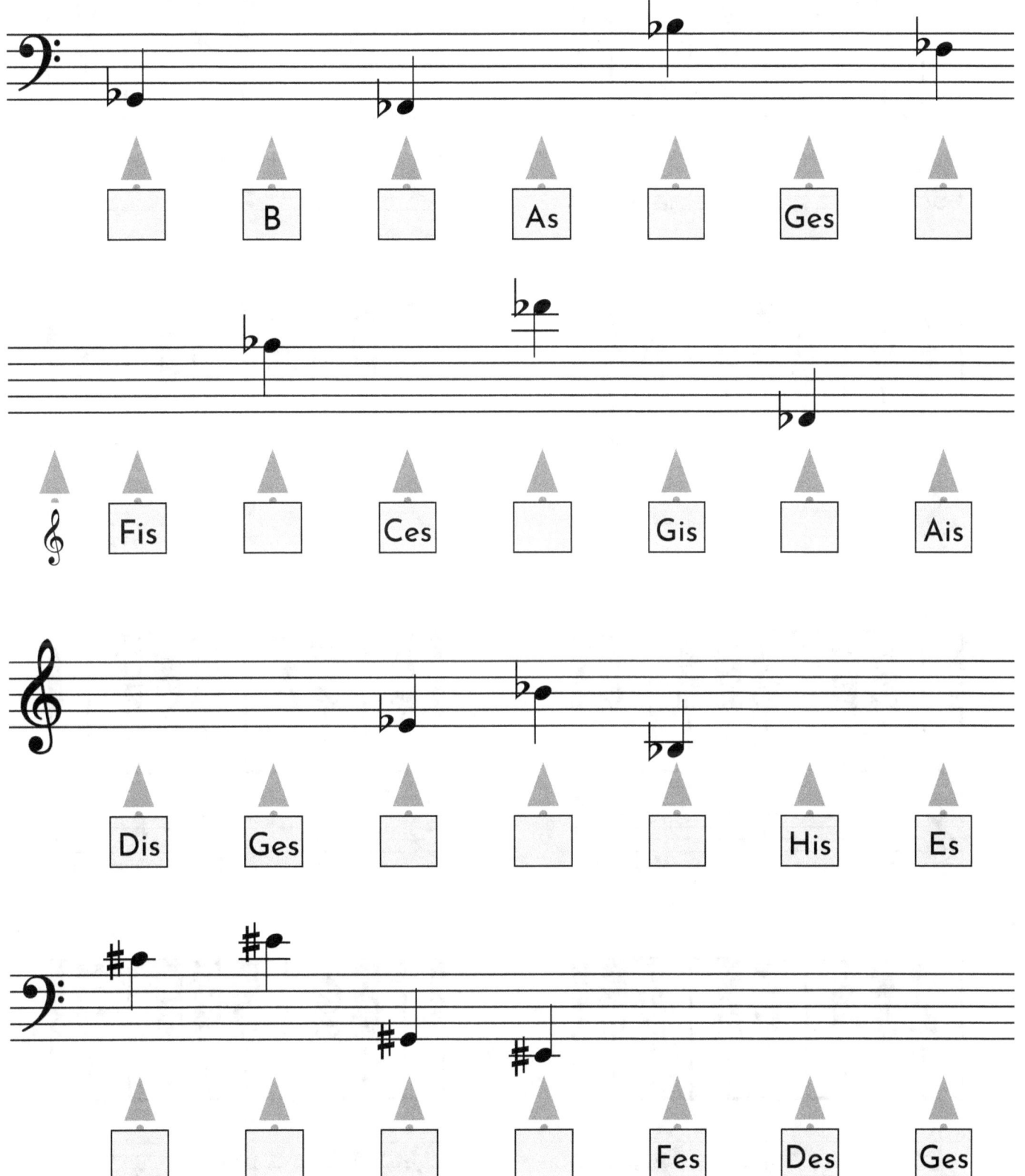

Kreise die korrekten **Tasten** auf der Tastatur ein. **Beachte** den Klaviatur-**Ausschnitt**.

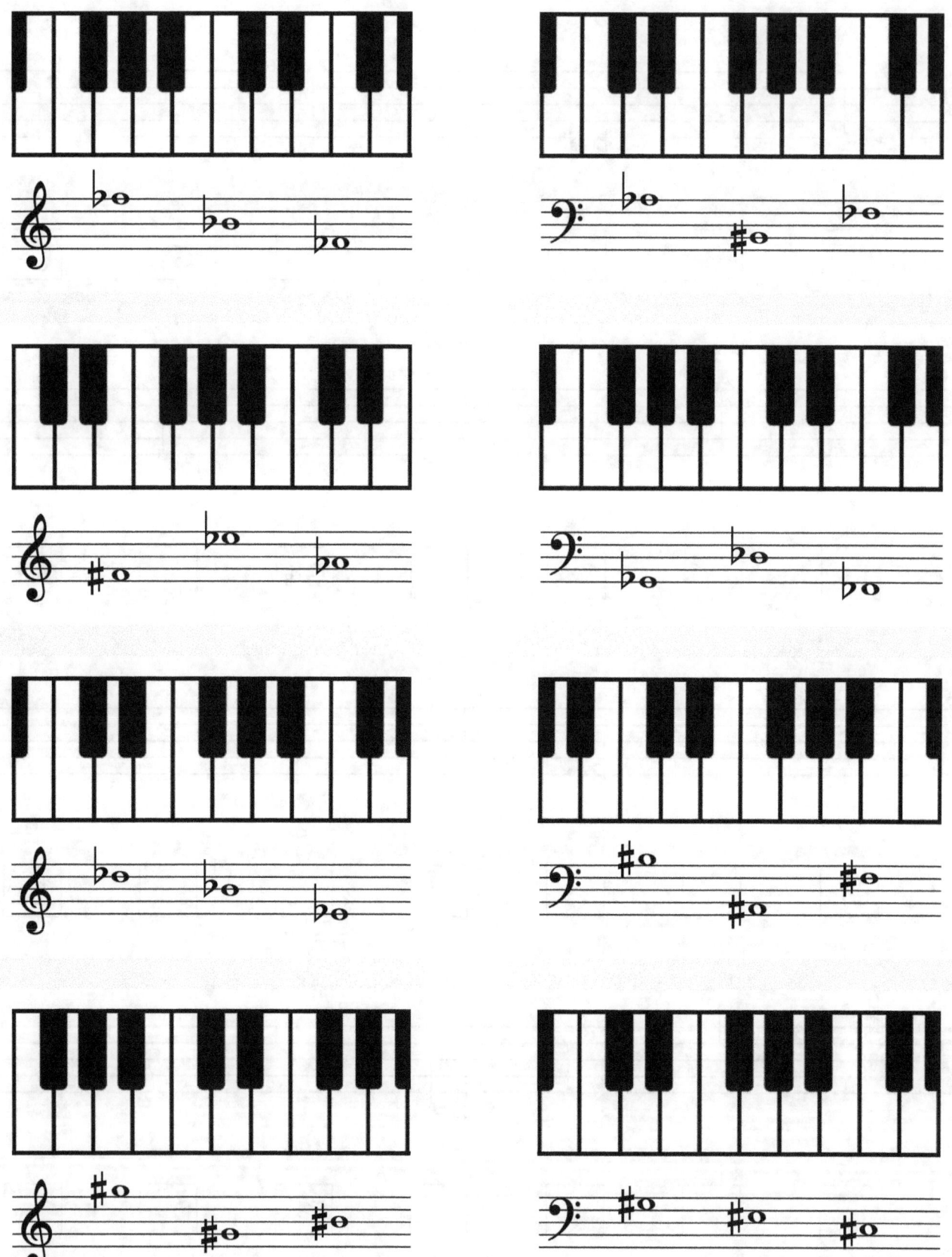

Kreise die korrekten **Tasten** auf der Tastatur ein. **Beachte** den Klaviatur-**Ausschnitt**.

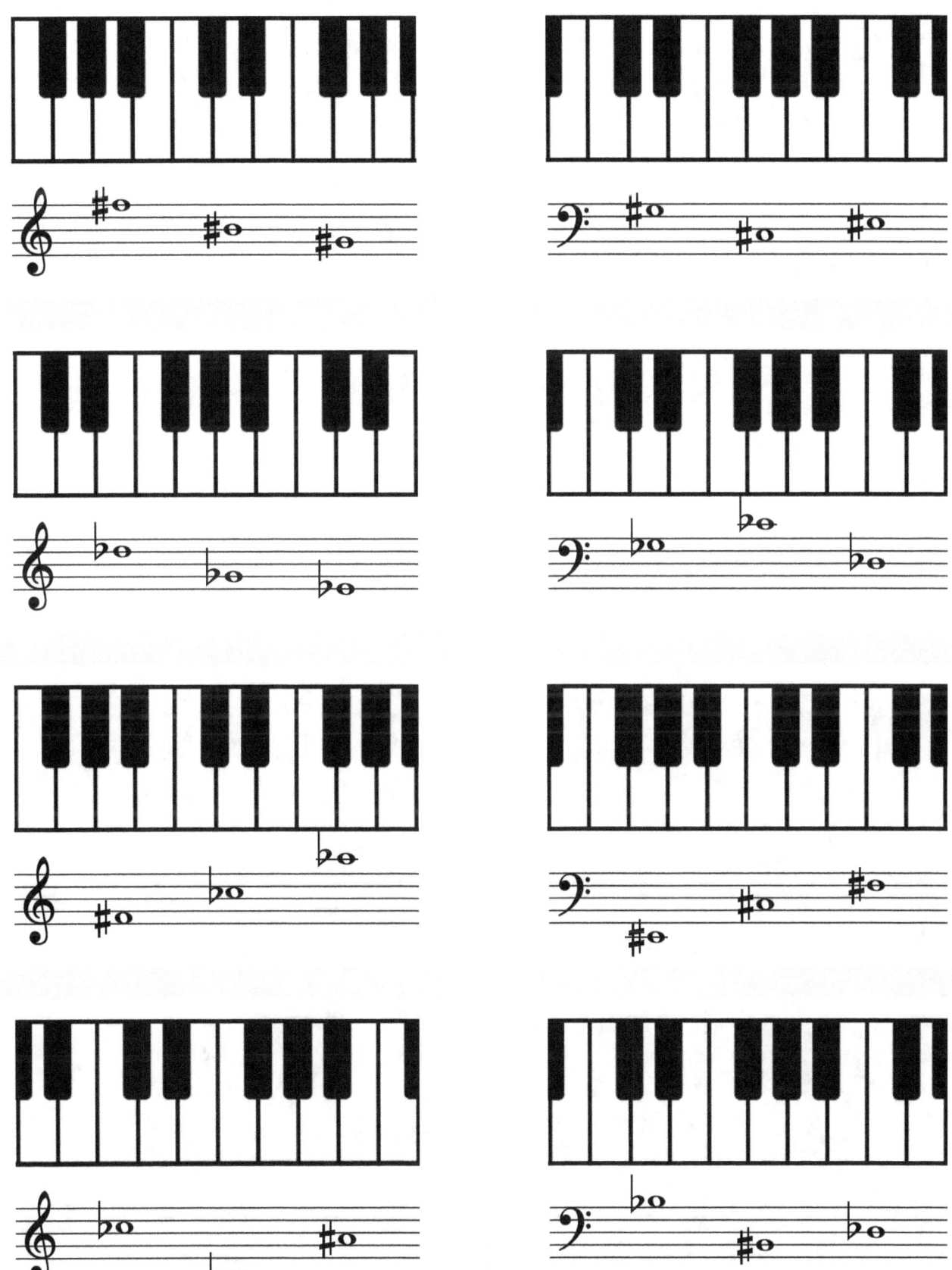

Zeichne die richtigen **Noten** *(Viertelnoten)* in die Notensysteme. Verwende **B's** für alle Noten.

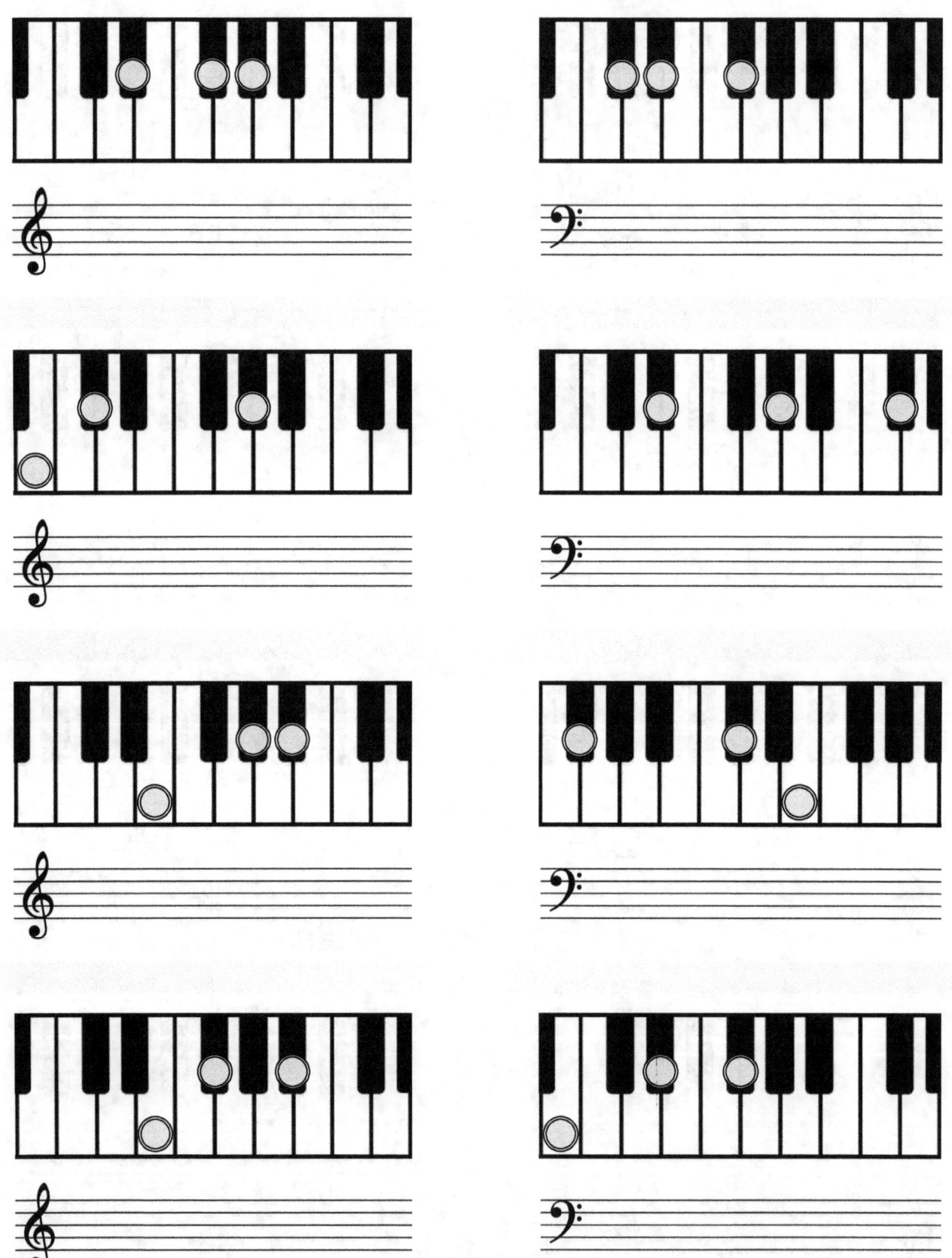

Zeichne die richtigen **Noten** *(Viertelnoten)* in die Notensysteme. Verwende **Kreuze** für alle Noten.

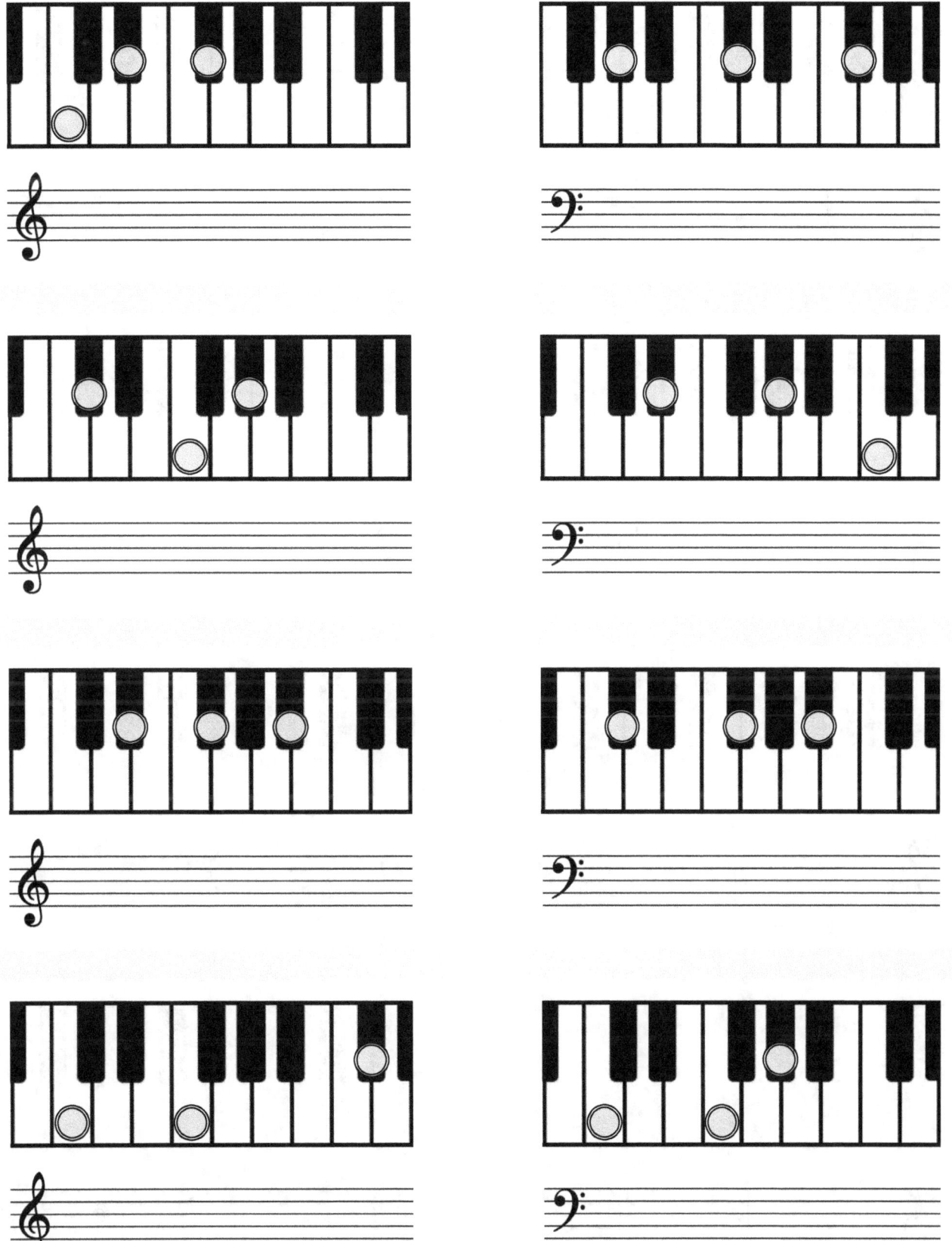

Kreise die korrekten **Tasten** auf der Tastatur ein. **Beachte** den Klaviatur-**Ausschnitt**.

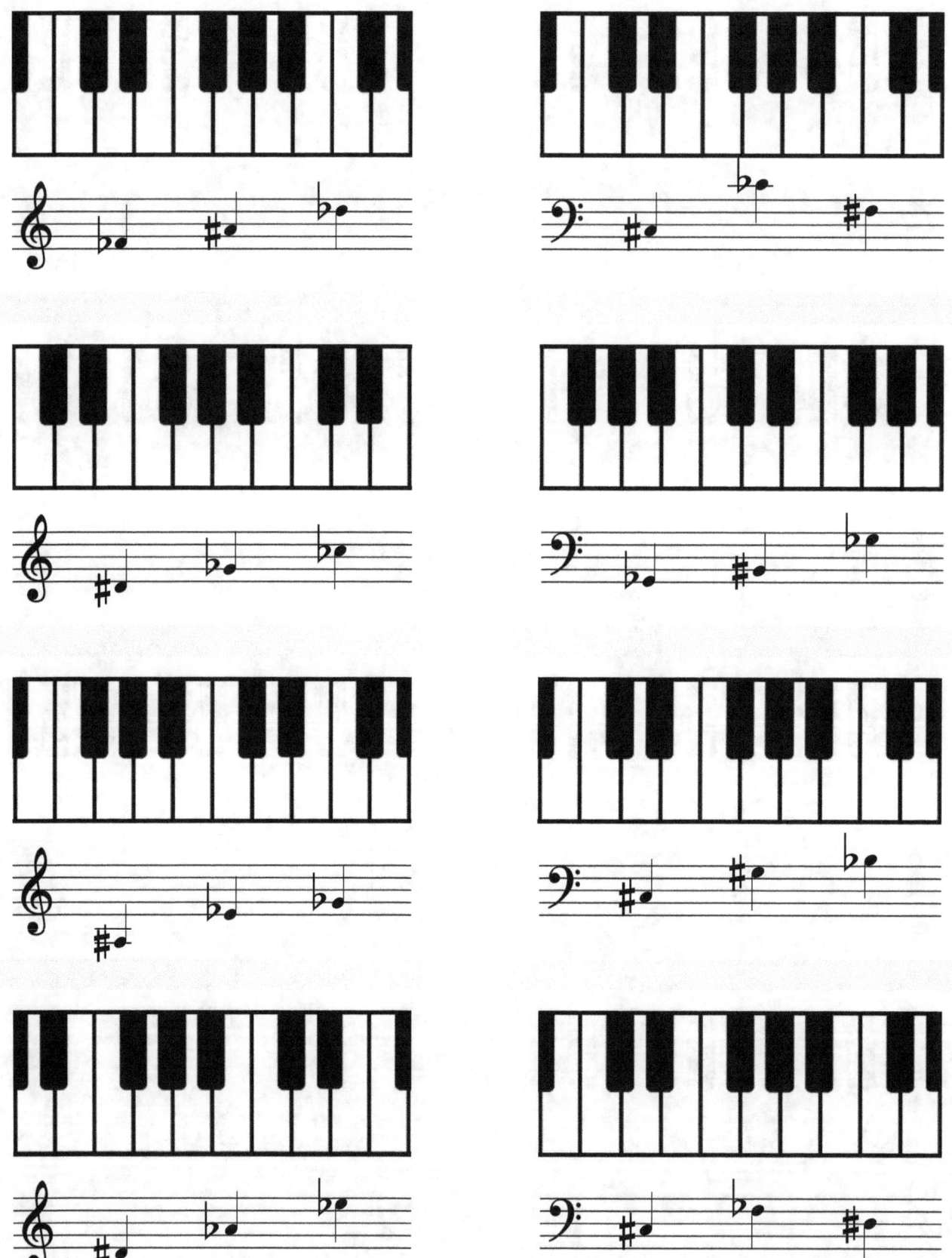

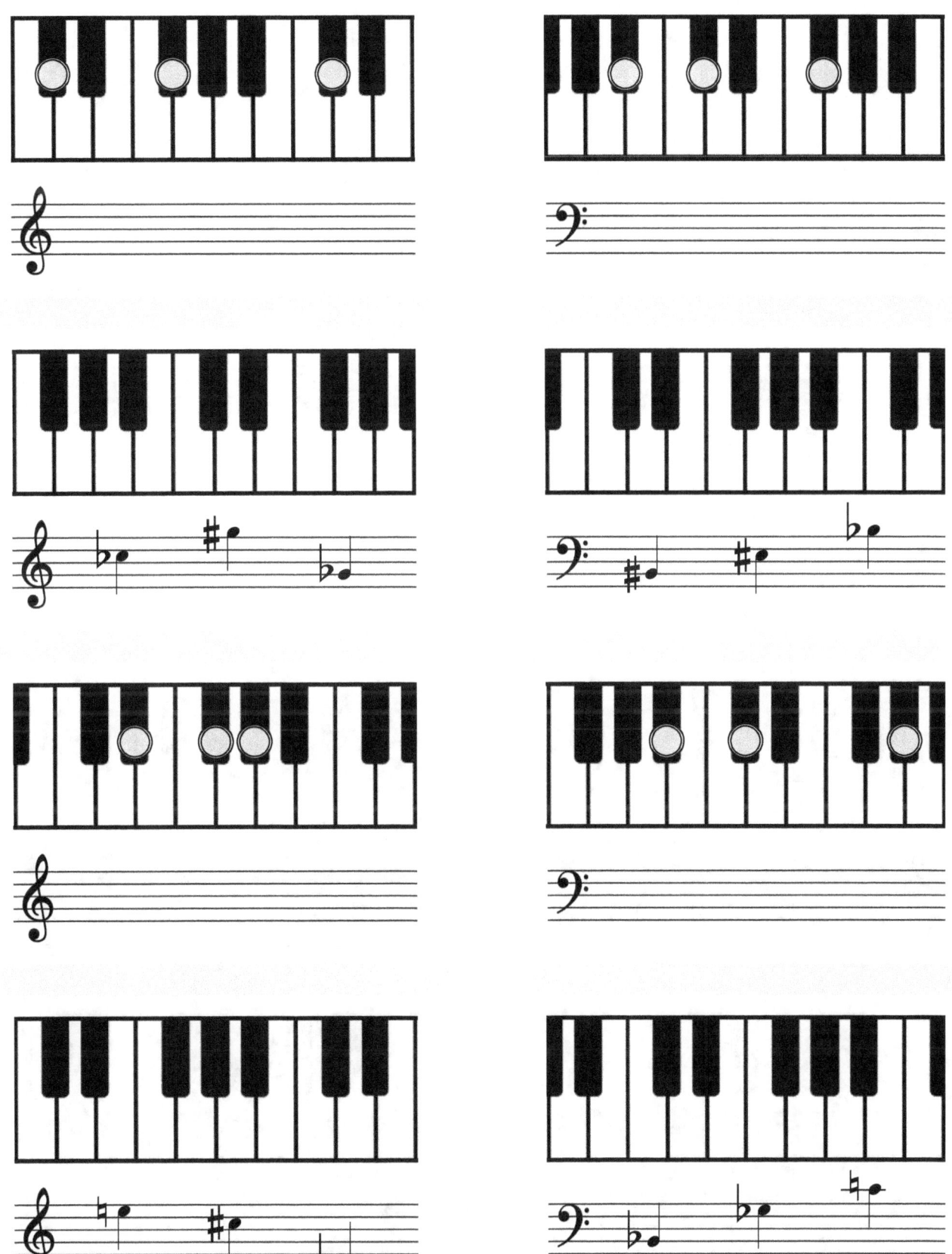

Fülle alle Lücken. **Zeichne Viertelnoten (♯)** in die Notensysteme und **Kreise** auf der Klaviatur.

Fülle alle Lücken. **Zeichne ganze Noten (♭)** in die Notensysteme und **Kreise** auf der Klaviatur.

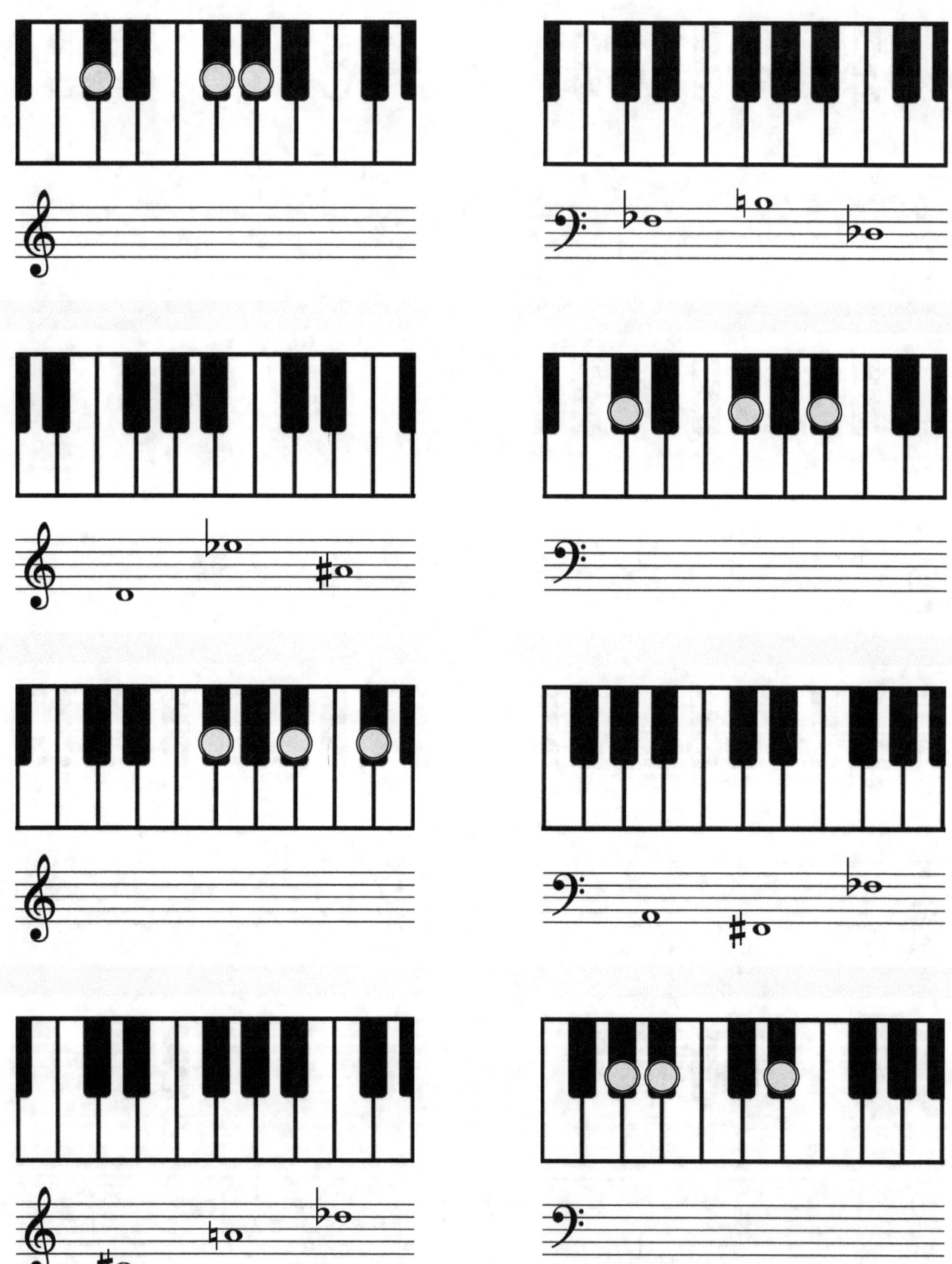

Fülle alle Lücken. **Zeichne ganze Noten (♯)** in die Notensysteme und **Kreise** auf der Klaviatur.

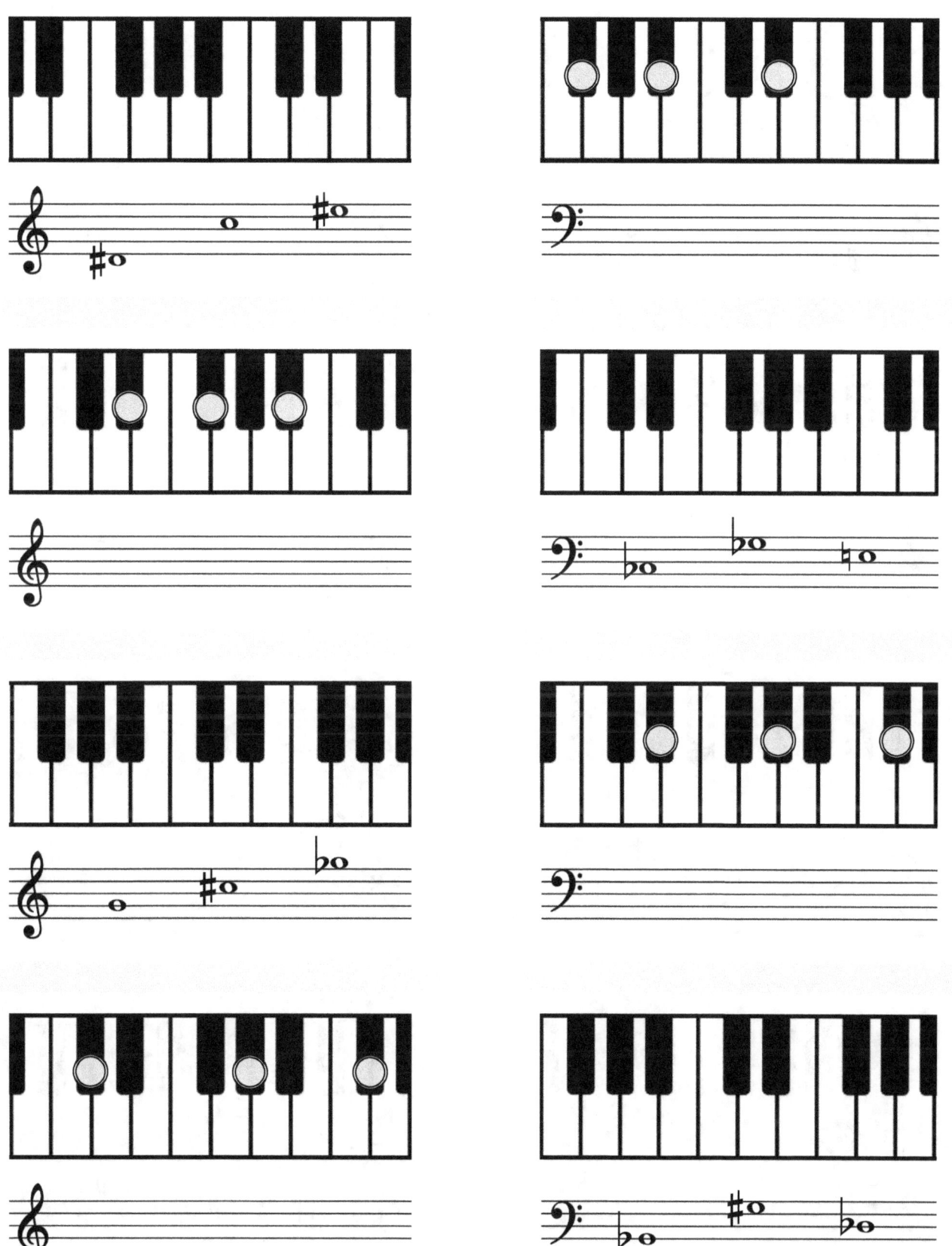

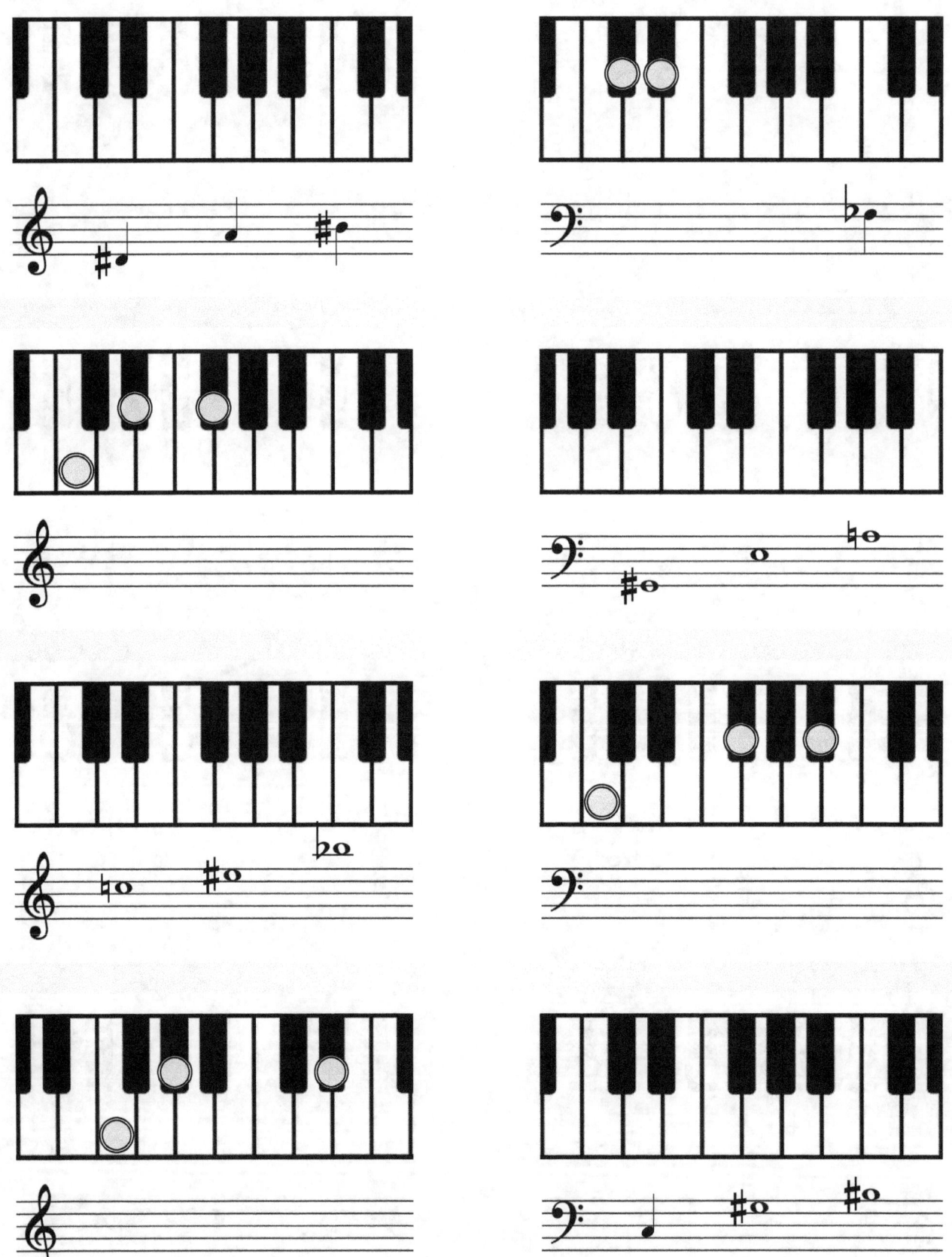

Fülle alle Lücken. Zeichne Viertelnoten (♯) in die Notensysteme und Kreise auf der Klaviatur.

Fülle alle Lücken. **Zeichne ganze Noten (♯)** in die Notensysteme und **Kreise** auf der Klaviatur.

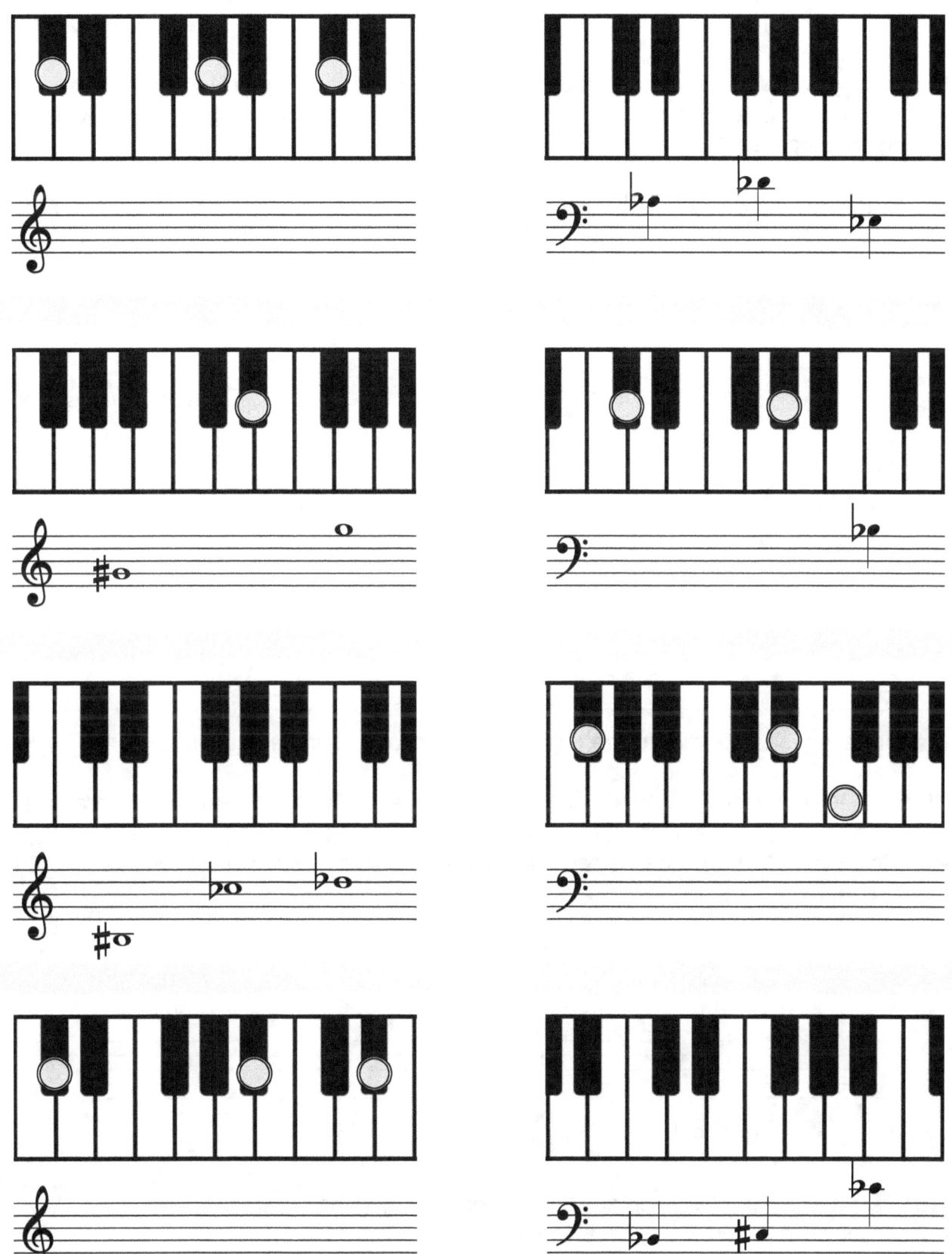

Tonart

Die Tonartangabe steht gleich nach dem Schlüssel auf dem Notenstab. Sie kann entweder einige Kreuzchen auf bestimmten Linien oder Zwischenräumen enthalten, oder einige B's, ebenfalls auf bestimmten Linien oder Zwischenräumen. Wenn keine B's oder Kreuze nach dem Schlüsselsymbol aufgeführt sind, dann ist die Tonartangabe „alle Noten sind natürlich".

In der gängigen Notation sind der Schlüssel und die Tonartangabe die einzigen Symbole, die normalerweise auf jedem Notenstab erscheinen. Sie kommen so häufig vor, weil sie sehr wichtige Symbole sind.

Sie zeigen an, welche Note sich auf jeder Linie und jedem Zwischenraum des Notenstabs befindet. Der Schlüssel gibt den Buchstaben der Note (C, D, E usw.) an, und die Tonart, ob die Note erhöht, erniedrigt oder natürlich ist.

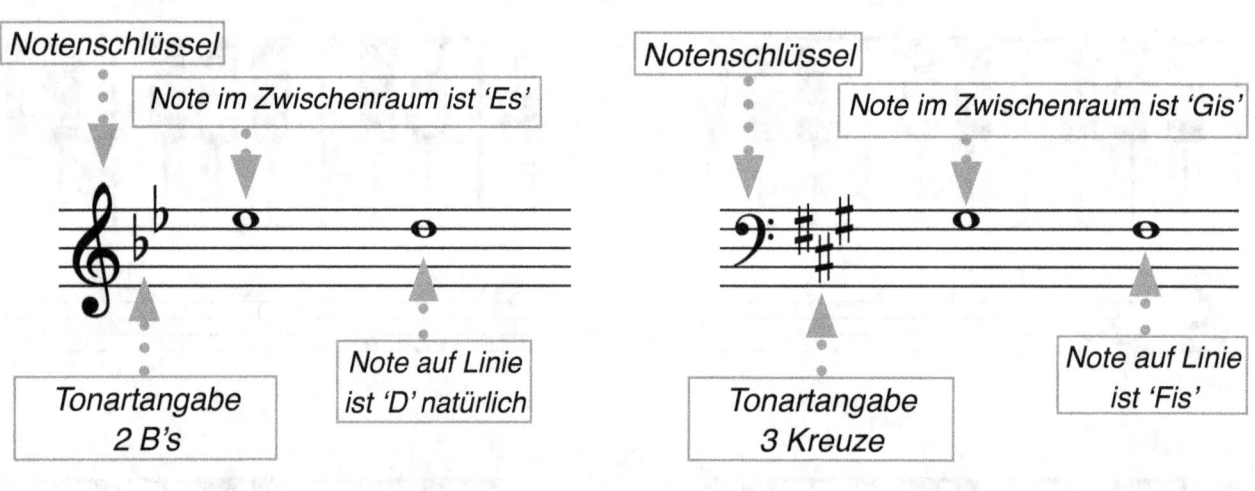

Die Tonartangabe listet alle Kreuze und Bs in der Tonart auf, in der die Musik steht.

Wenn ein Kreuz (oder B) in der Tonartangabe auf einer Linie oder einem Zwischenraum erscheint, sind alle Noten auf dieser Linie oder diesem Zwischenraum erhöht (oder erniedrigt), und alle anderen Noten mit denselben Buchstaben in anderen Oktaven sind ebenfalls erhöht (oder erniedrigt).

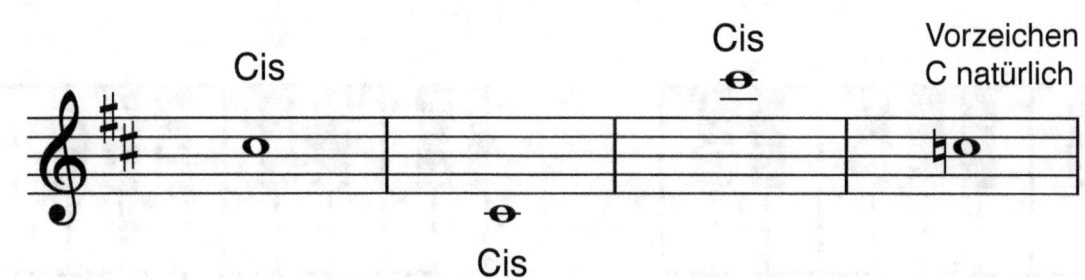

Wenn ein Kreuz im C Zwischenraum im Notenstab angegeben wird, dann sind alle C = Cis, es sei denn ein Vorzeichen ändert dies.

Die Kreuze oder Bs erscheinen immer in derselben Reihenfolge in allen Tonartangaben (bis zu 7 Kreuze oder Bs, niemals beide).

Zum Beispiel, wenn eine Tonart (G-Dur oder e-Moll) nur ein Kreuz hat, wird es Fis sein, daher ist Fis immer das erste Kreuz, das in einer Kreuz-Tonartangabe aufgeführt ist. Die Tonarten mit zwei Kreuzen (D-Dur und h-Moll) haben Fis und Cis, daher ist Cis immer das zweite Kreuz in einer Tonartangabe, und so weiter.

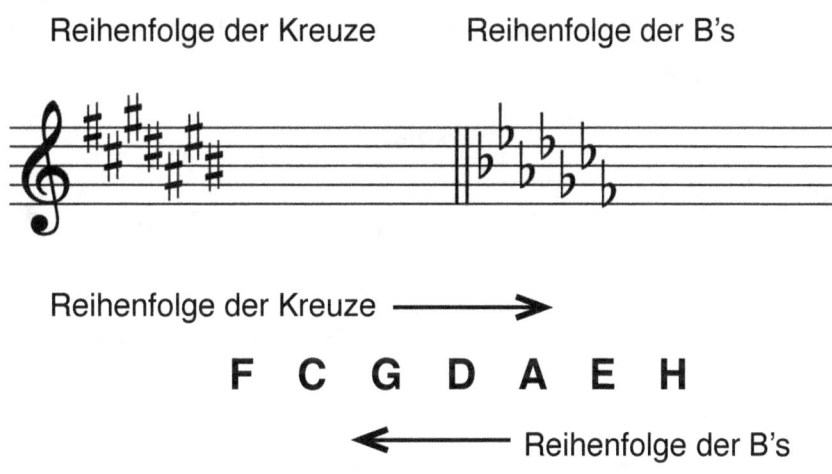

Reihenfolge der Kreuze   Reihenfolge der B's

Reihenfolge der Kreuze ⟶

F C G D A E H

⟵ Reihenfolge der B's

Die Reihenfolge der Kreuze ist: Fis, Cis, Gis, Dis, Ais, Eis, His. Die Reihenfolge der B's ist umgekehrt zur Reihenfolge der Kreuze: B, Es, As, Des, Ges, Ces, Fes. So haben die Tonarten mit nur einem B (F-Dur und d-Moll) ein B; die Tonarten mit zwei Bs (B-Dur und g-Moll) haben B und Es; und so weiter.

Die Reihenfolge der Bs und Kreuze, wie die Reihenfolge der Tonarten selbst, folgt einem Quintenzirkel *(siehe nächste Seite)*.

Beispiel

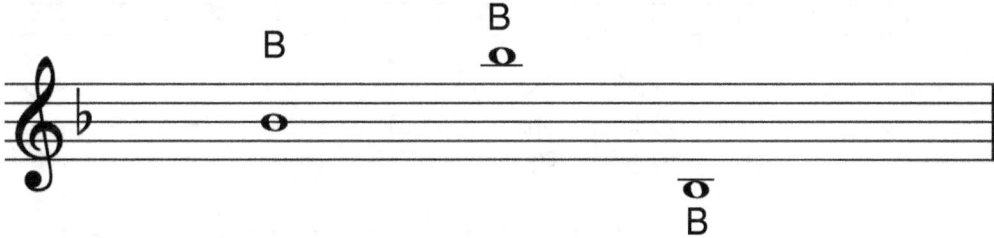

Die Tonartangabe hat ein B auf der H Linie, deshalb bekommen alle Noten H auf dem Notenstab ein B als Vorzeichen (es wird nicht jedes mal vor die Note geschrieben, sondern einmal am Anfang und gilt dann für alle weiteren Noten auf dieser Linie und allen Oktaven).

Dies macht Sinn wenn die meisten Noten in dem Musikstück dieses B besitzen, dann wird es zur Tonart hinzugefügt. Falls es nur ausnahmsweise vorkommt dann versieht man die individuellen Noten mit Vorzeichen.

Moll- und Dur- Tonarten

Die Reihenfolge der Kreuze und B's kennzeichnet Dur- und Moll Tonleitern. Eine Tonleiter beginnt mit der Note, welche ihr den Namen gibt. Diese diatonischen Tonleitern sind spezielle, aus Ganzton- und Halbtonschritten zusammengesetzte, siebenstufige Tonleitern.

Dur- Tonleiter

Um die Noten in einer Dur-Tonart zu finden, starten Sie bei dem Stammton und folgen diesem Muster: **Ganzton, Ganzton, Halbton, Ganzton, Ganzton, Ganzton, Halbton**. Das führt Sie zum Stammton eine Oktave höher von welcher Sie begonnen haben, und umfasst alle Noten der Tonart in dieser Oktave.

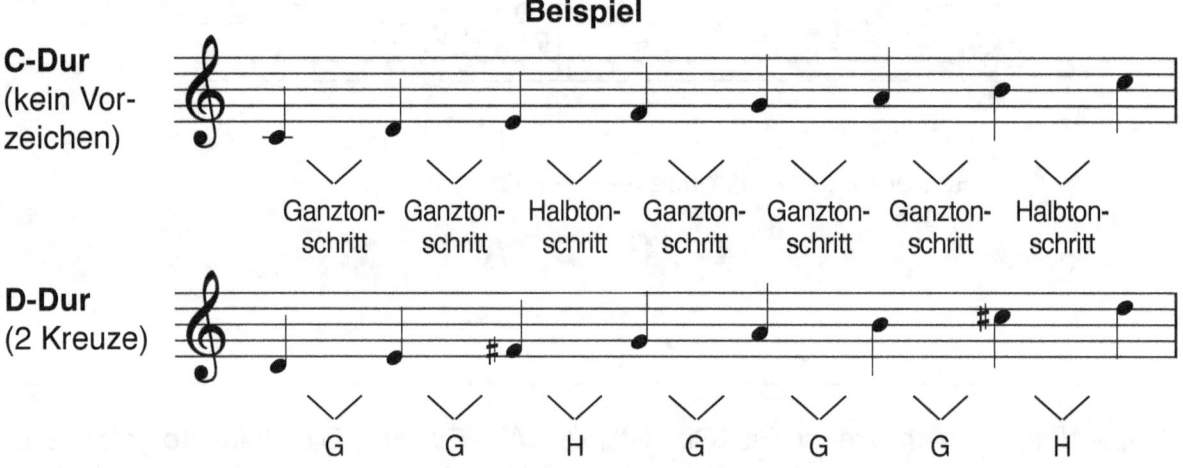

Moll- Tonleiter

Um die Noten in einer Moll-Tonart zu finden, starten Sie bei dem Stammton und folgen diesem Muster: **Ganzton, Halbton, Ganzton, Ganzton, Halbton, Ganzton, Ganzton**. Das führt Sie zum Stammton eine Oktave höher von welcher Sie begonnen haben, und umfasst alle Noten der Tonart in dieser Oktave.

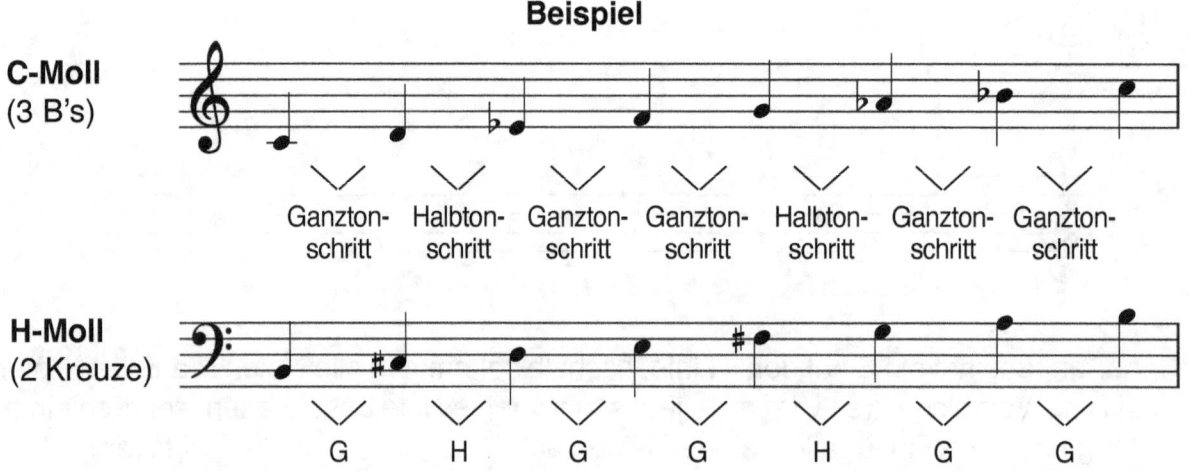

In beiden Beispielen stehen die Vorzeichen direkt vor den Noten. Bei der Tonartangabe werden diese auf den jeweiligen Linien (oder Zwischenraum) geschrieben und ersparen somit das ständige wiederholen der Vorzeichen durch das Stück hinweg.

Quintenzirkel

Der Quintenzirkel zeigt ein einer grafischen Weise die Beziehungen zwischen den 12 Dur-
und Moll Tonarten. Zu jeder Dur-Tonart gibt es eine entsprechende verwandte Moll-Tonart.
Nach rechts fügt jeder Schritt ein Kreuz hinzu, nach links fügt jeder Schritt ein B hinzu.

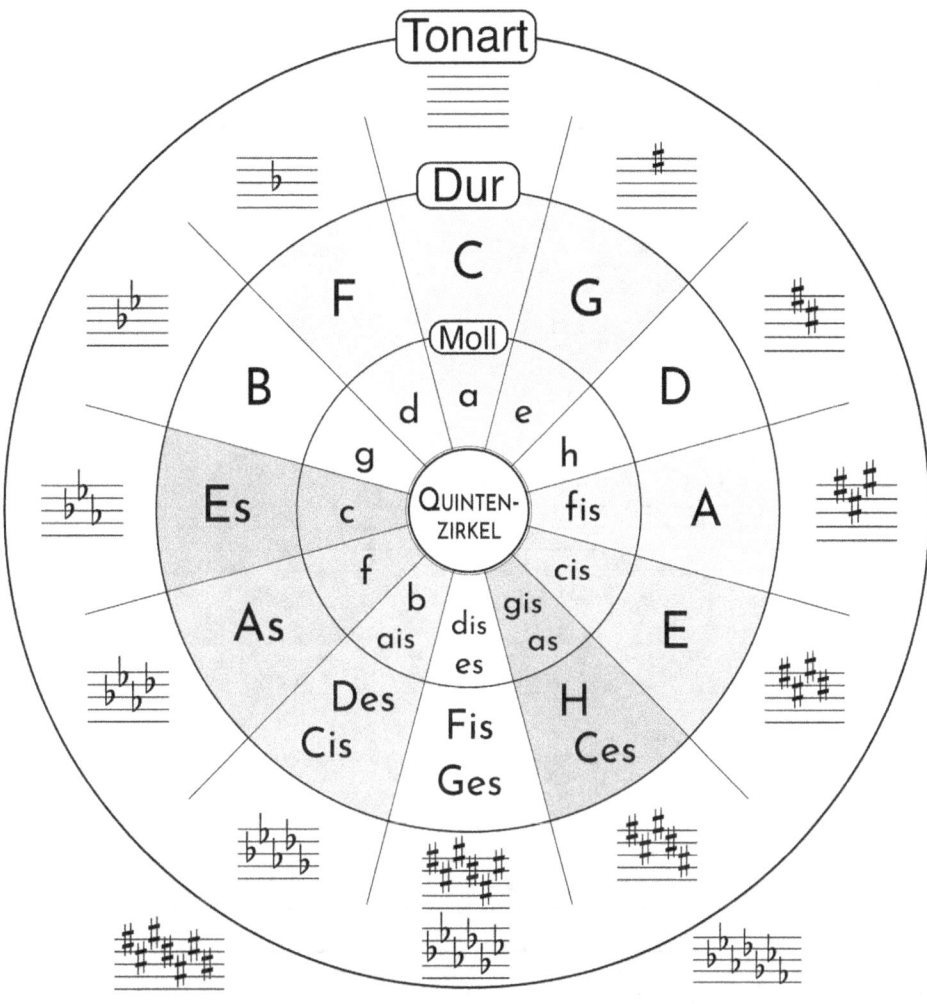

Die Tonarten im gleichen "Stück" teilen den selben Satz von Noten miteinander, nur in einer
anderen Reihenfolge. Zum Beispiel ist C-Moll die Parallelmoll von Es-Dur.

Beispiel

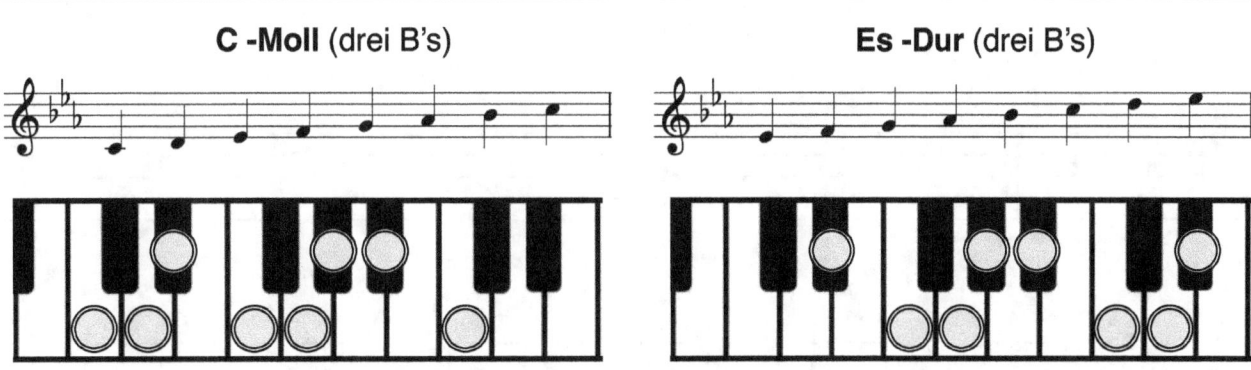

C -Moll (drei B's)   Es -Dur (drei B's)

C -Moll und Es -Dur beginnen mit verscheidenen Noten, haben jedoch dieselbe Tonart.

Schreibe die richtigen **Notennamen** in die Kästchen. **Achte** auf die **Tonart** und **Vorzeichen**.

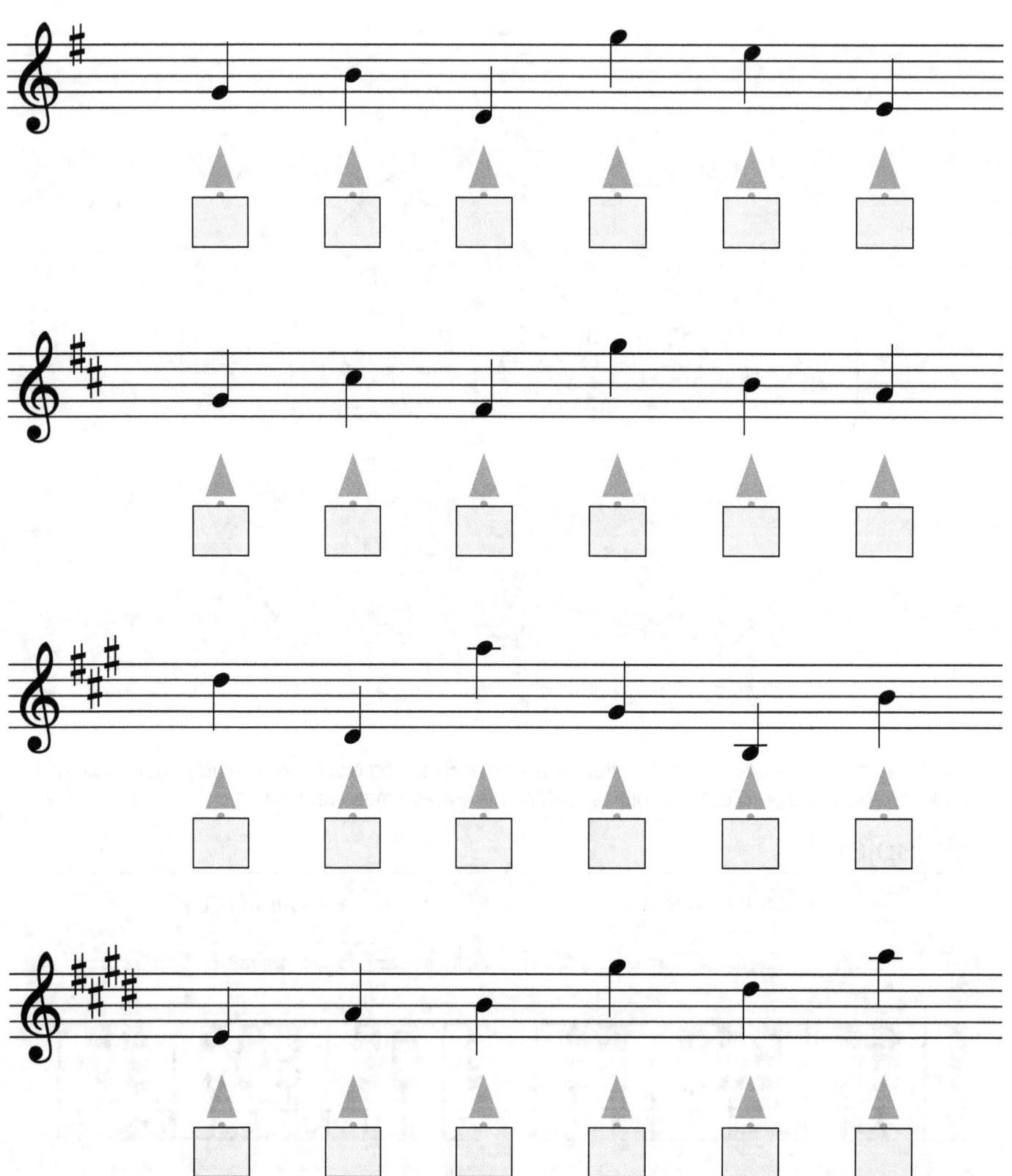

Schreibe die richtigen **Notennamen** in die Kästchen. **Achte** auf die **Tonart** und **Vorzeichen**.

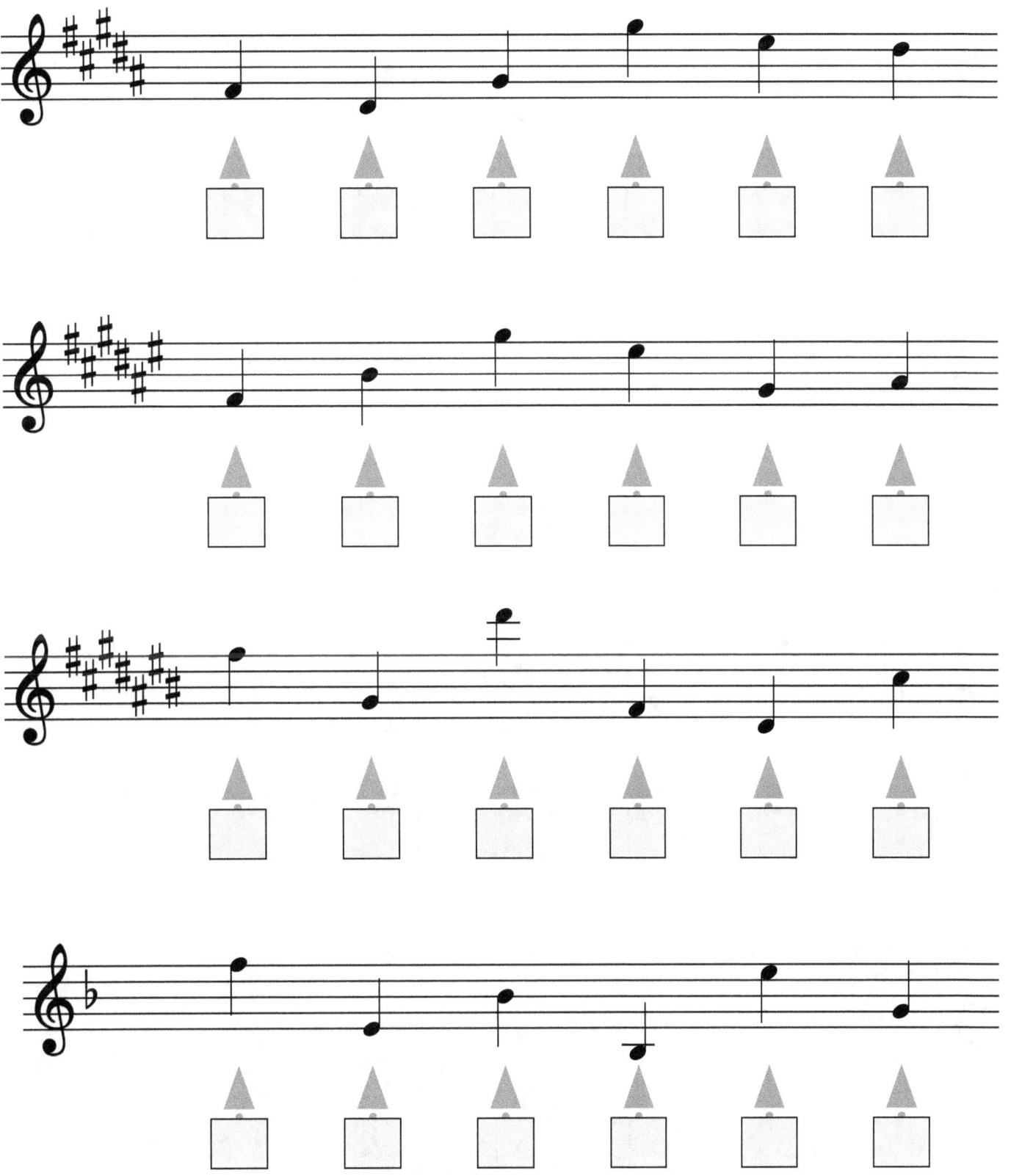

Schreibe die richtigen **Notennamen** in die Kästchen. **Achte** auf die **Tonart** und **Vorzeichen**.

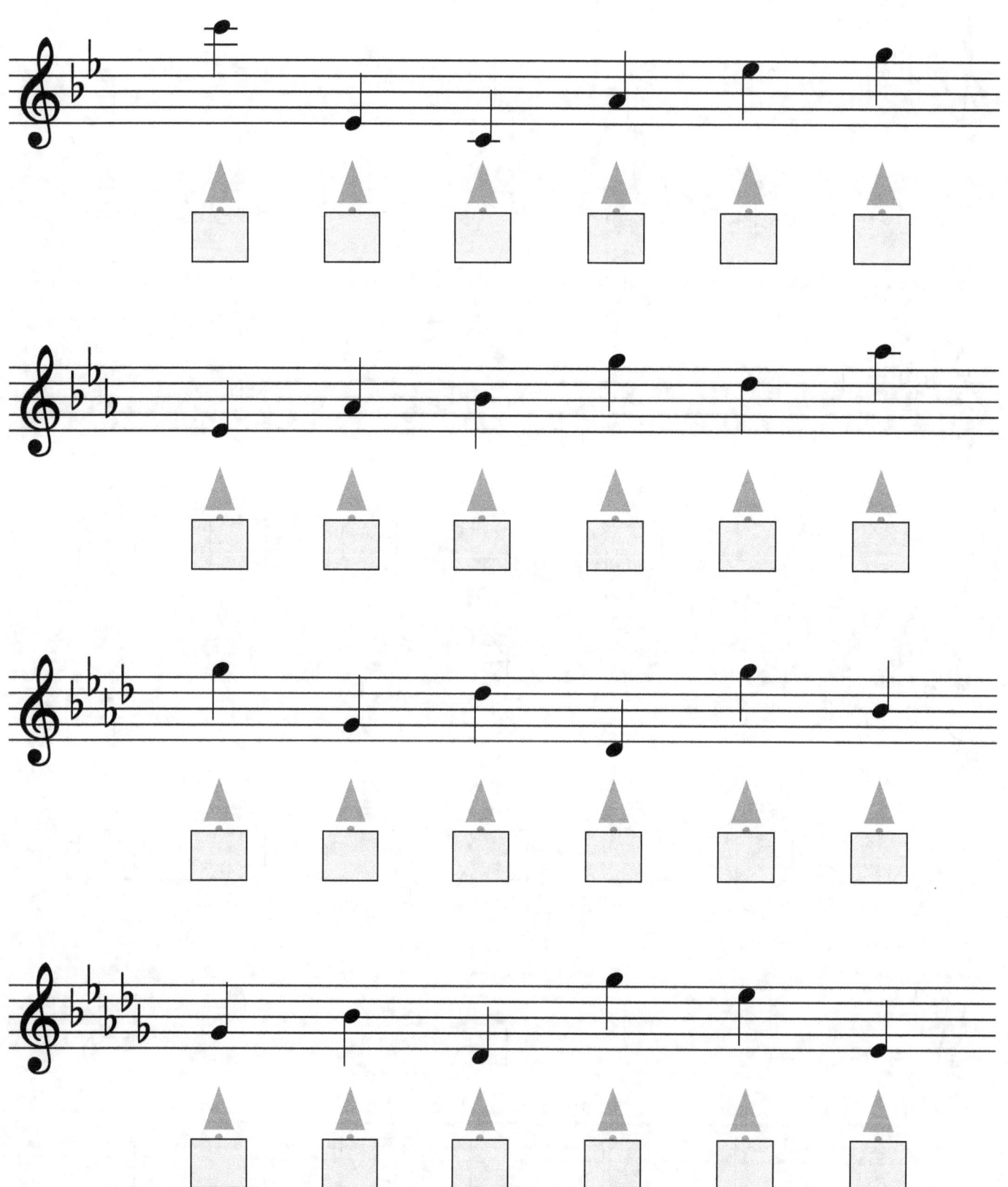

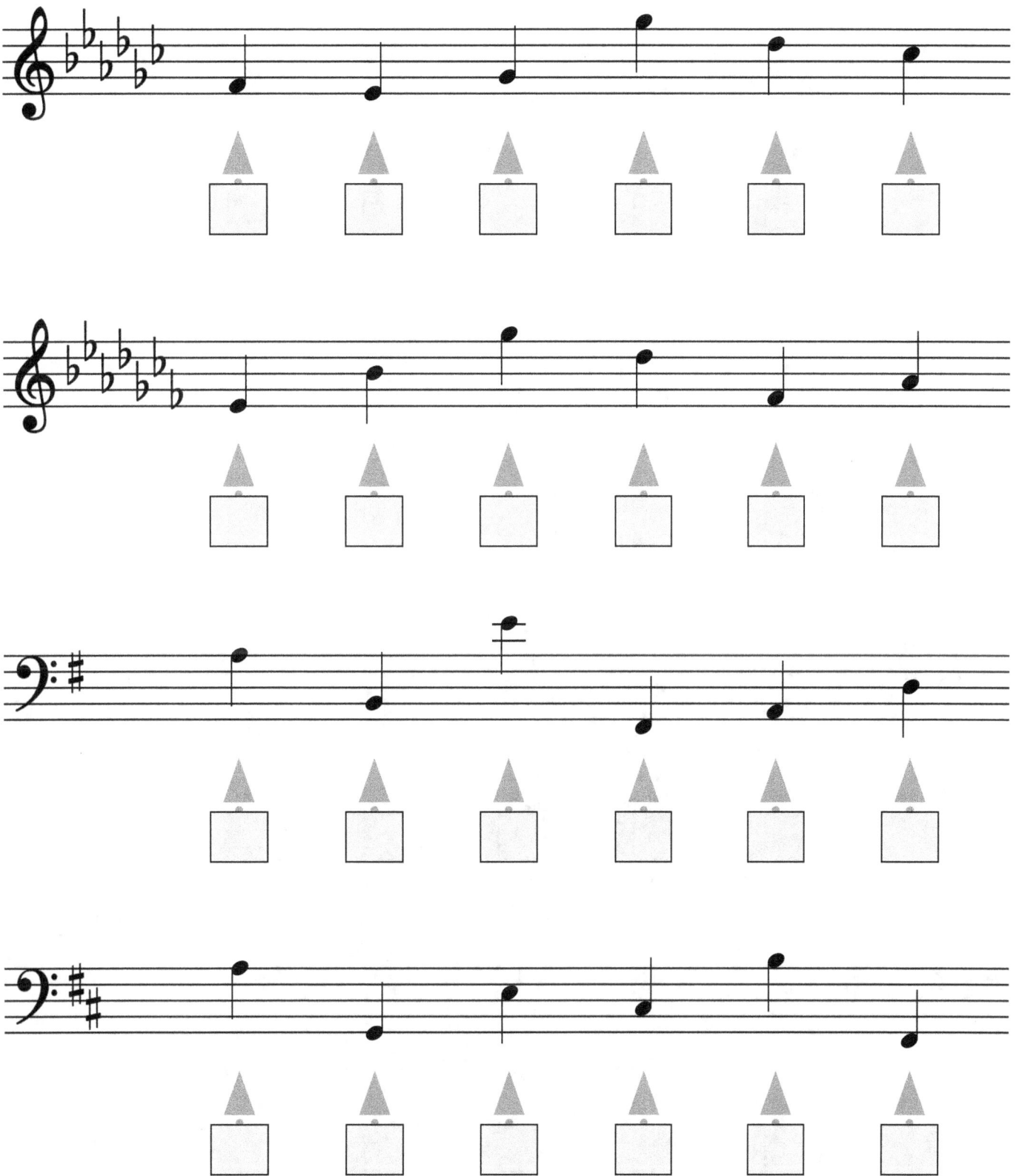

Schreibe die richtigen **Notennamen** in die Kästchen. **Achte** auf die **Tonart** und **Vorzeichen**.

Schreibe die richtigen **Notennamen** in die Kästchen. **Achte** auf die **Tonart** und **Vorzeichen**.

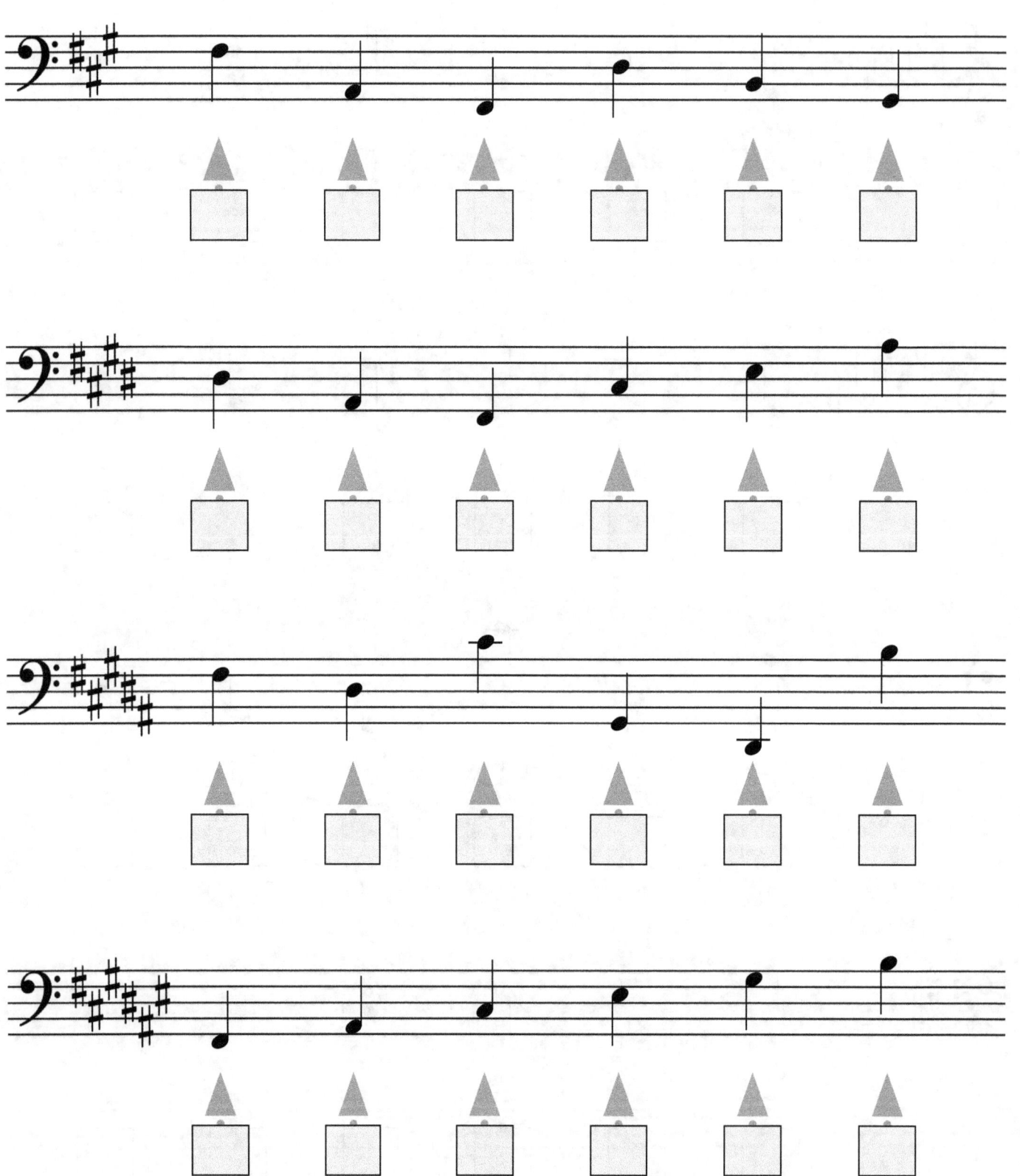

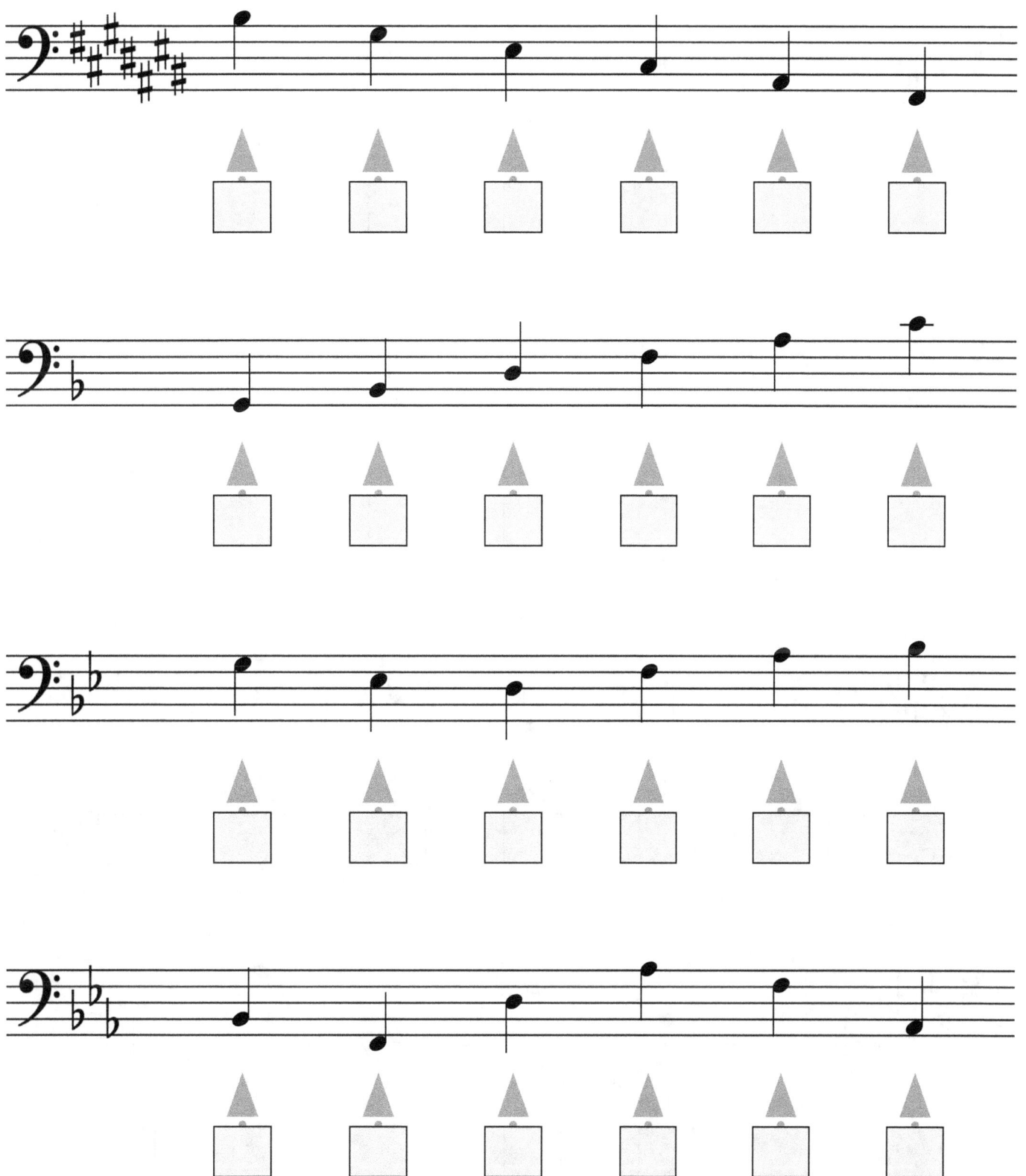

Schreibe die richtigen **Notennamen** in die Kästchen. **Achte** auf die **Tonart** und **Vorzeichen**.

Schreibe die richtigen **Notennamen** in die Kästchen. **Achte** auf die **Tonart** und **Vorzeichen**.

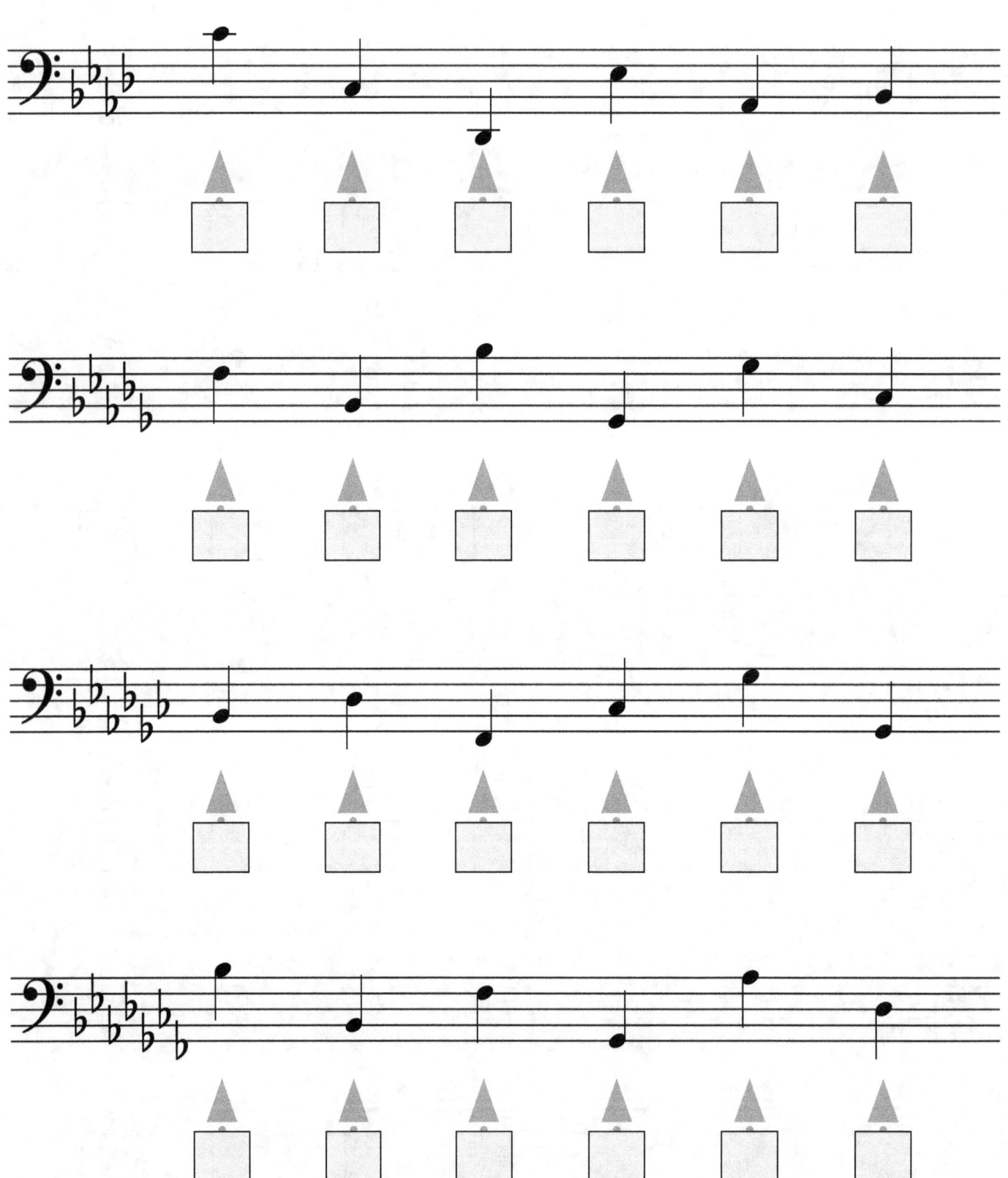

Schreibe die richtigen **Notennamen** in die Kästchen. **Achte** auf die **Tonart** und **Vorzeichen**.

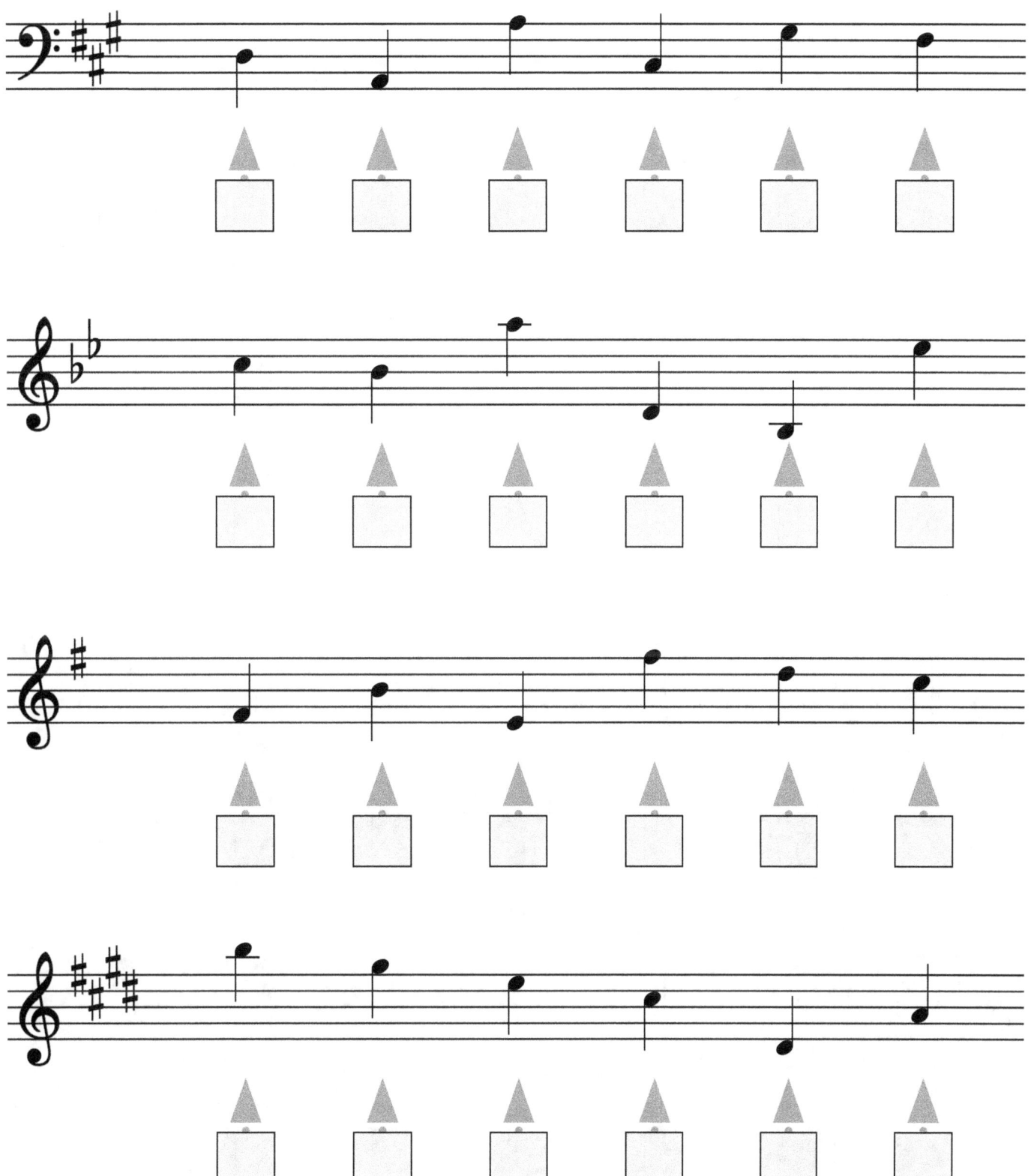

Schreibe die richtigen **Notennamen** in die Kästchen. **Achte** auf die **Tonart** und **Vorzeichen**.

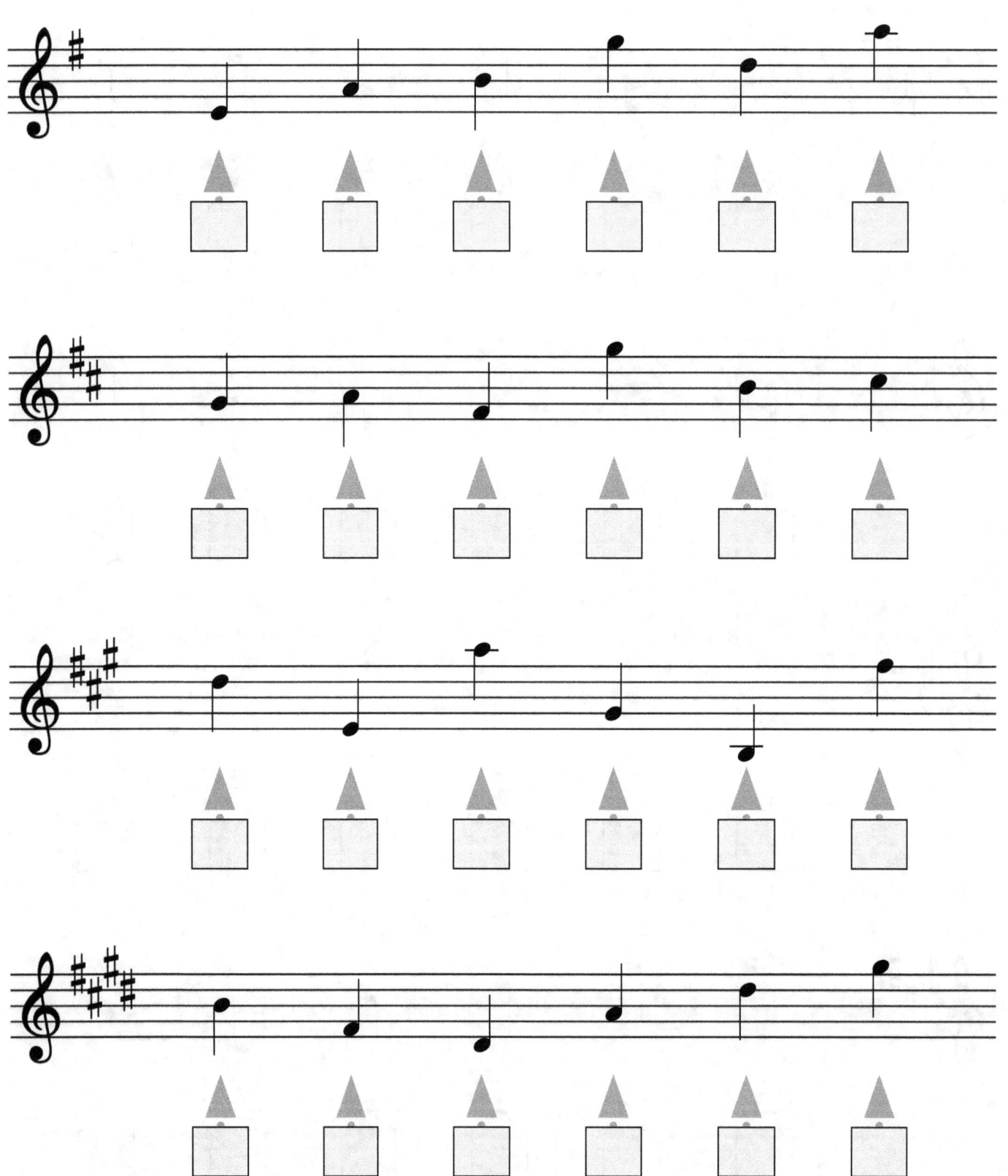

Schreibe die richtigen **Notennamen** in die Kästchen. **Achte** auf die **Tonart** und **Vorzeichen**.

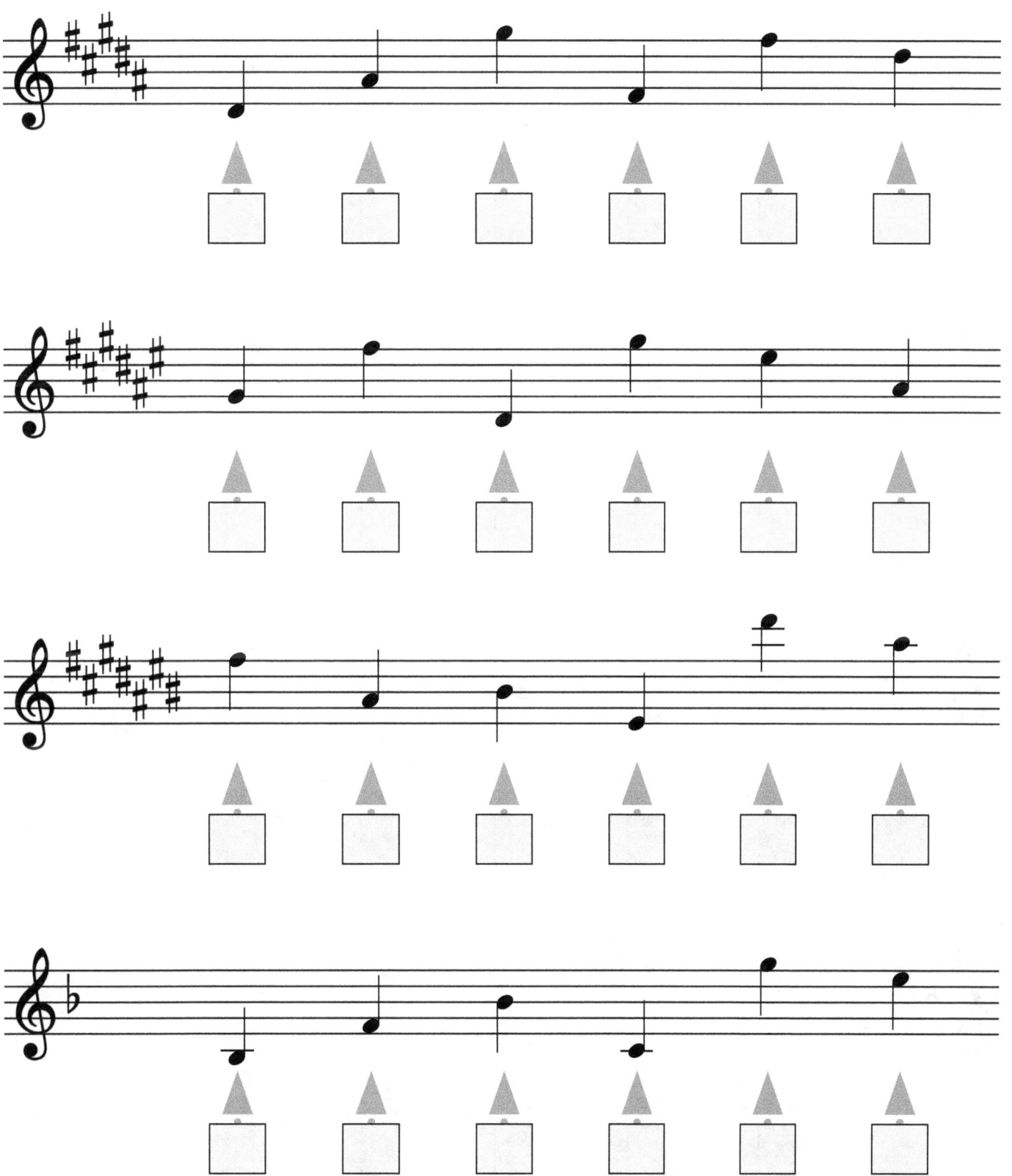

Schreibe die richtigen **Notennamen** in die Kästchen. **Achte** auf die **Tonart** und **Vorzeichen**.

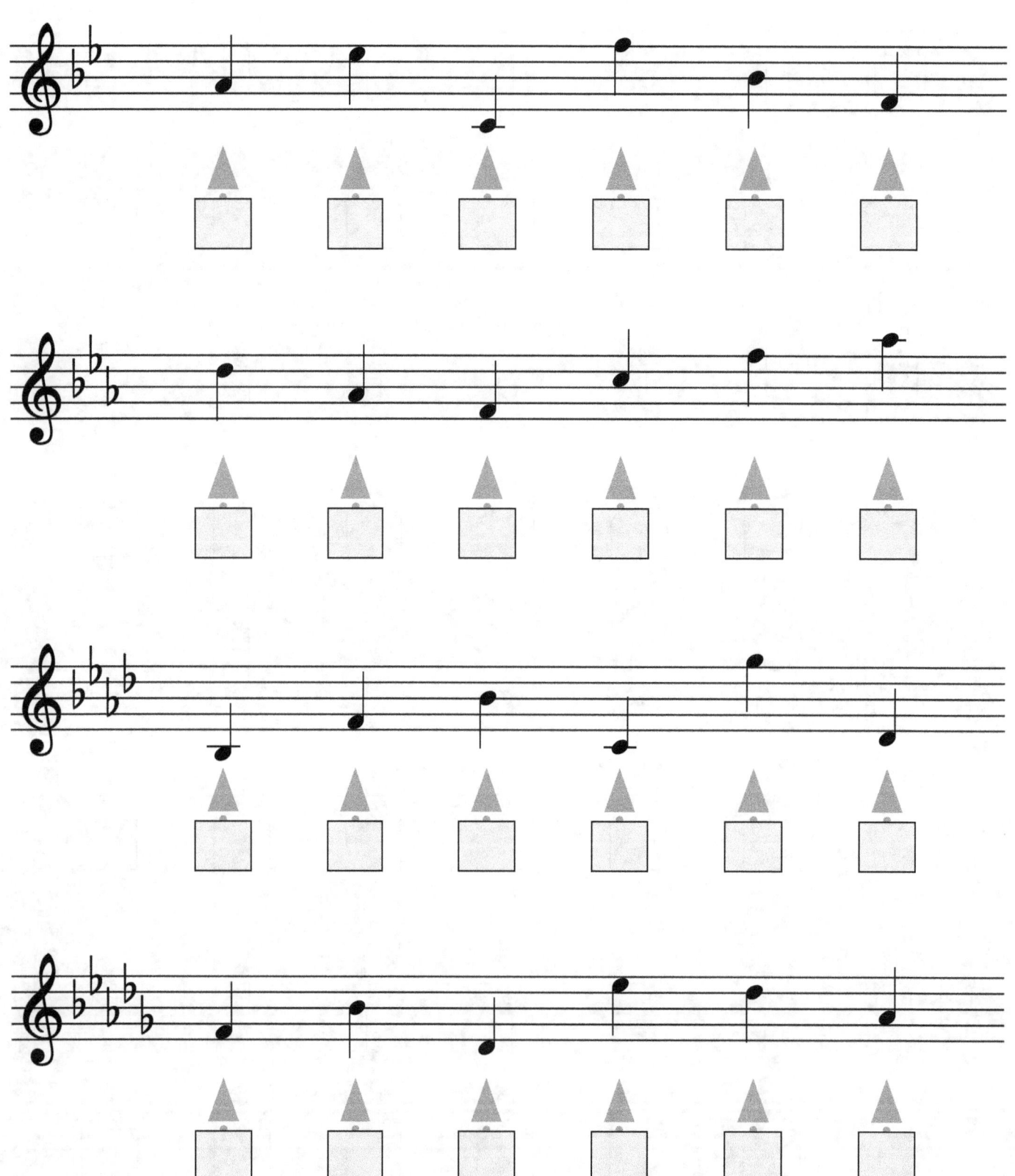

Schreibe die richtigen **Notennamen** in die Kästchen. **Achte** auf die **Tonart** und **Vorzeichen**.

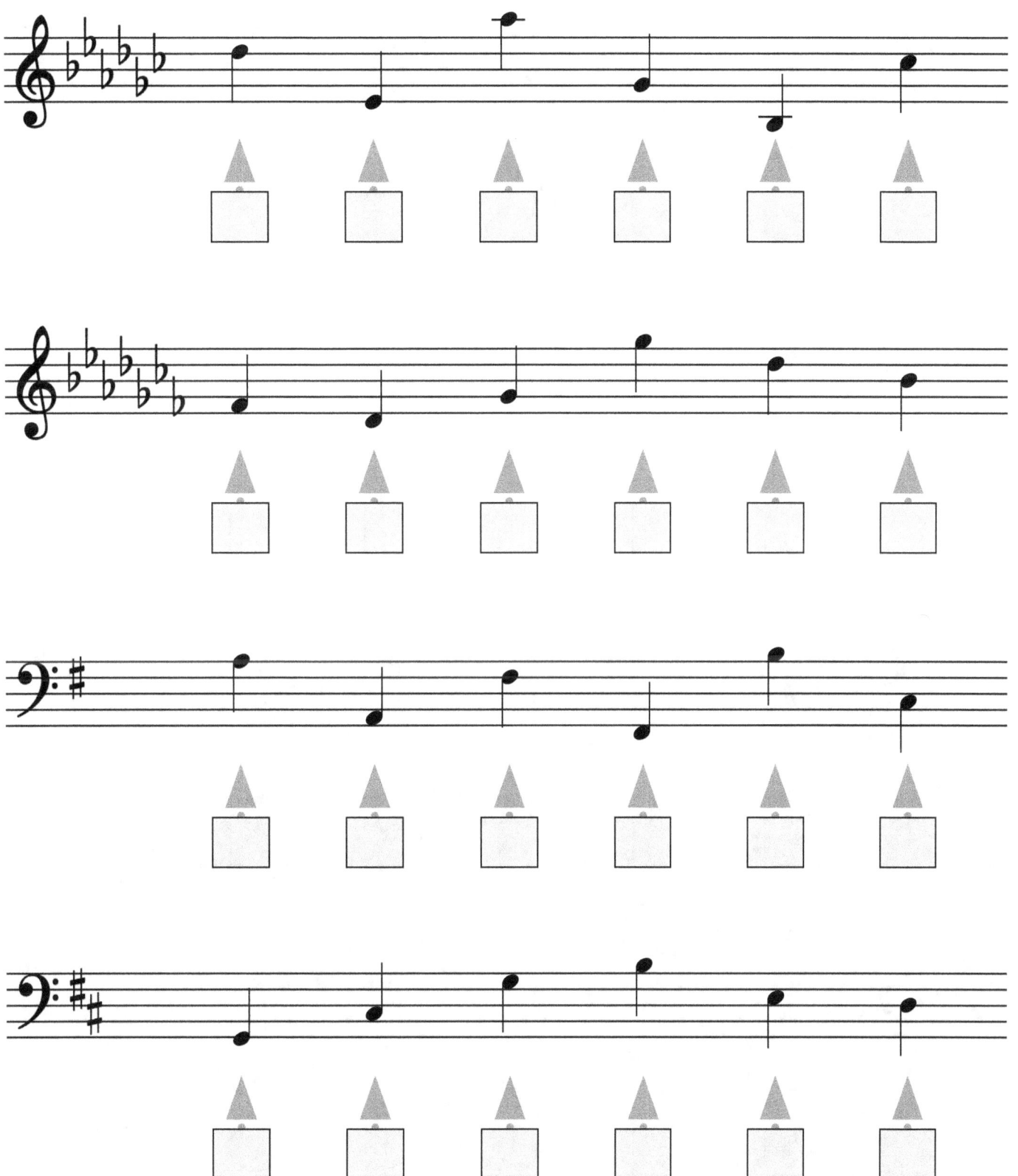

Schreibe die richtigen **Notennamen** in die Kästchen. **Achte** auf die **Tonart** und **Vorzeichen**.

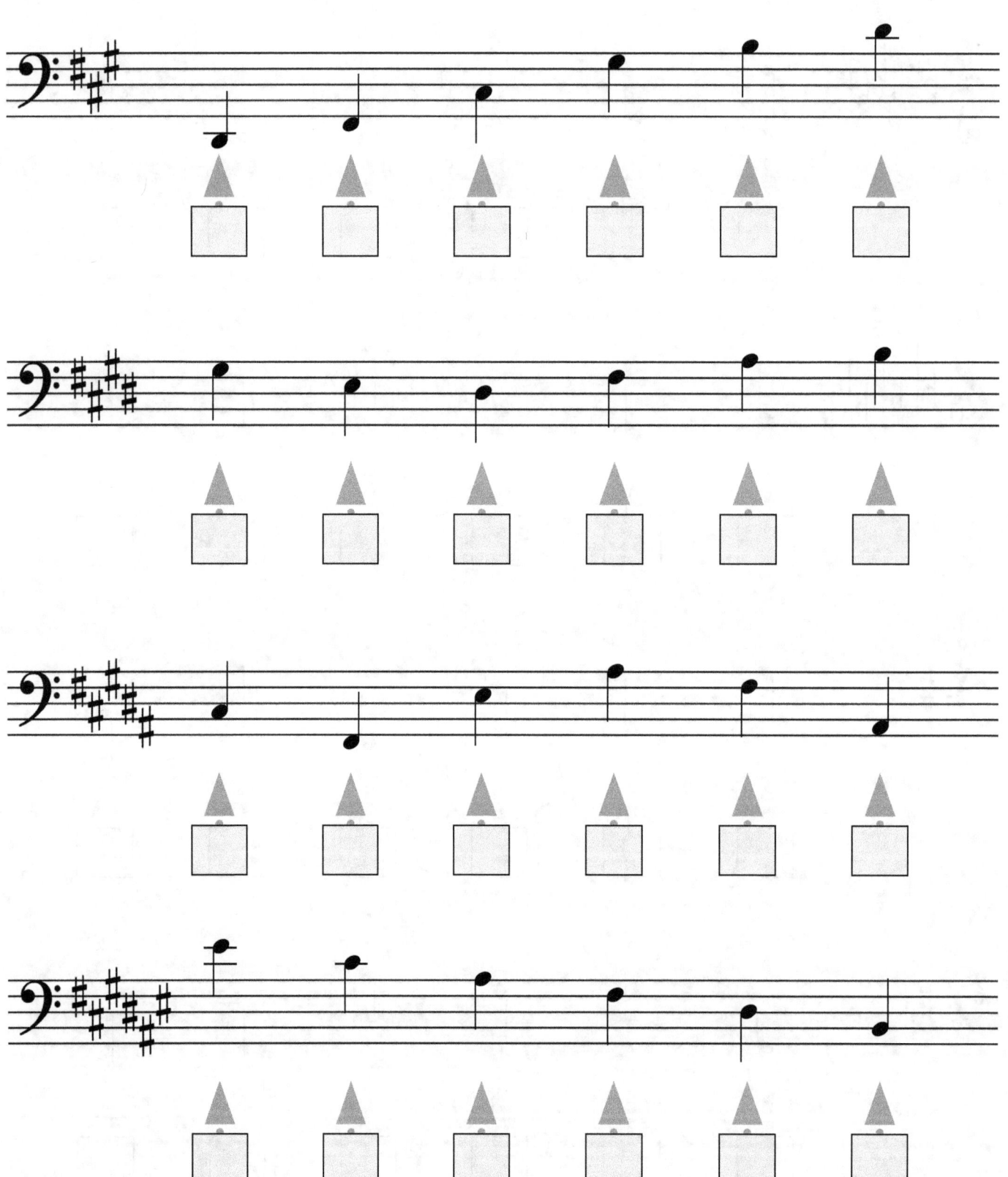

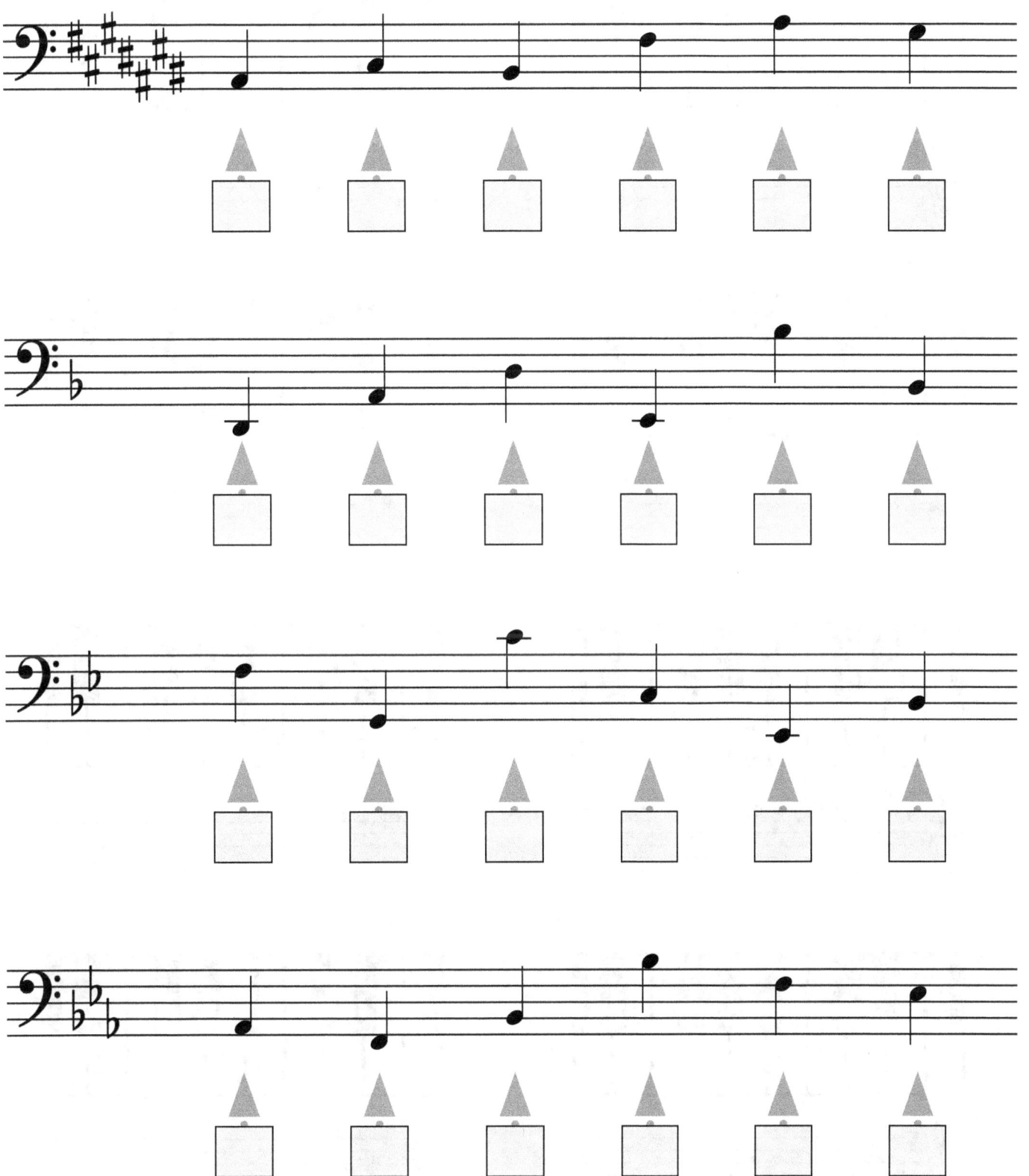

Schreibe die richtigen **Notennamen** in die Kästchen. **Achte** auf die **Tonart** und **Vorzeichen**.

Zeichne die richtigen **Noten** *(ganze)* in die Systeme. **Achte** auf die **Tonart** und **Vorzeichen**.
Verwende die **Vorzeichen** der Tonart oder **Auflösungszeichen** für Noten außerhalb der Tonleiter.

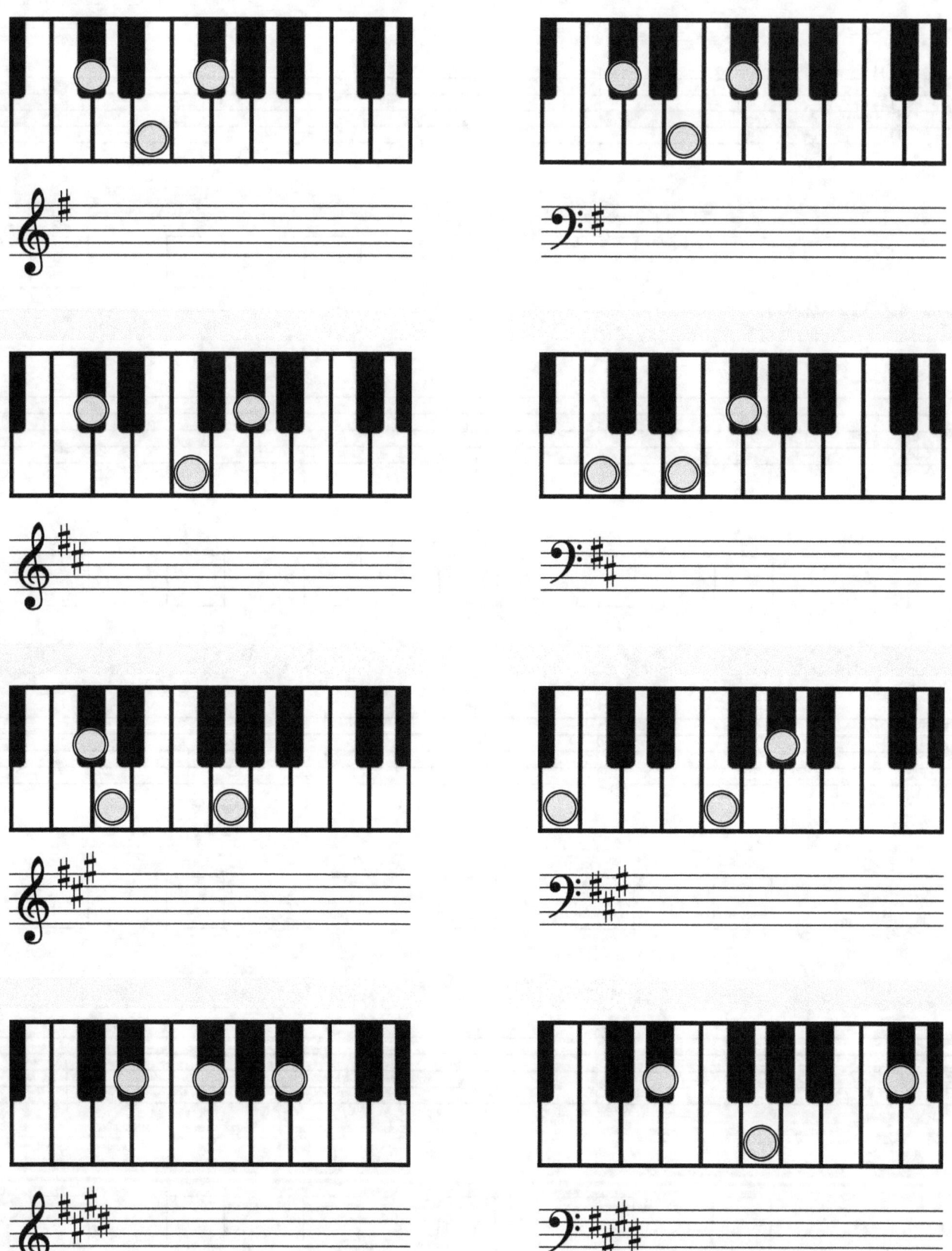

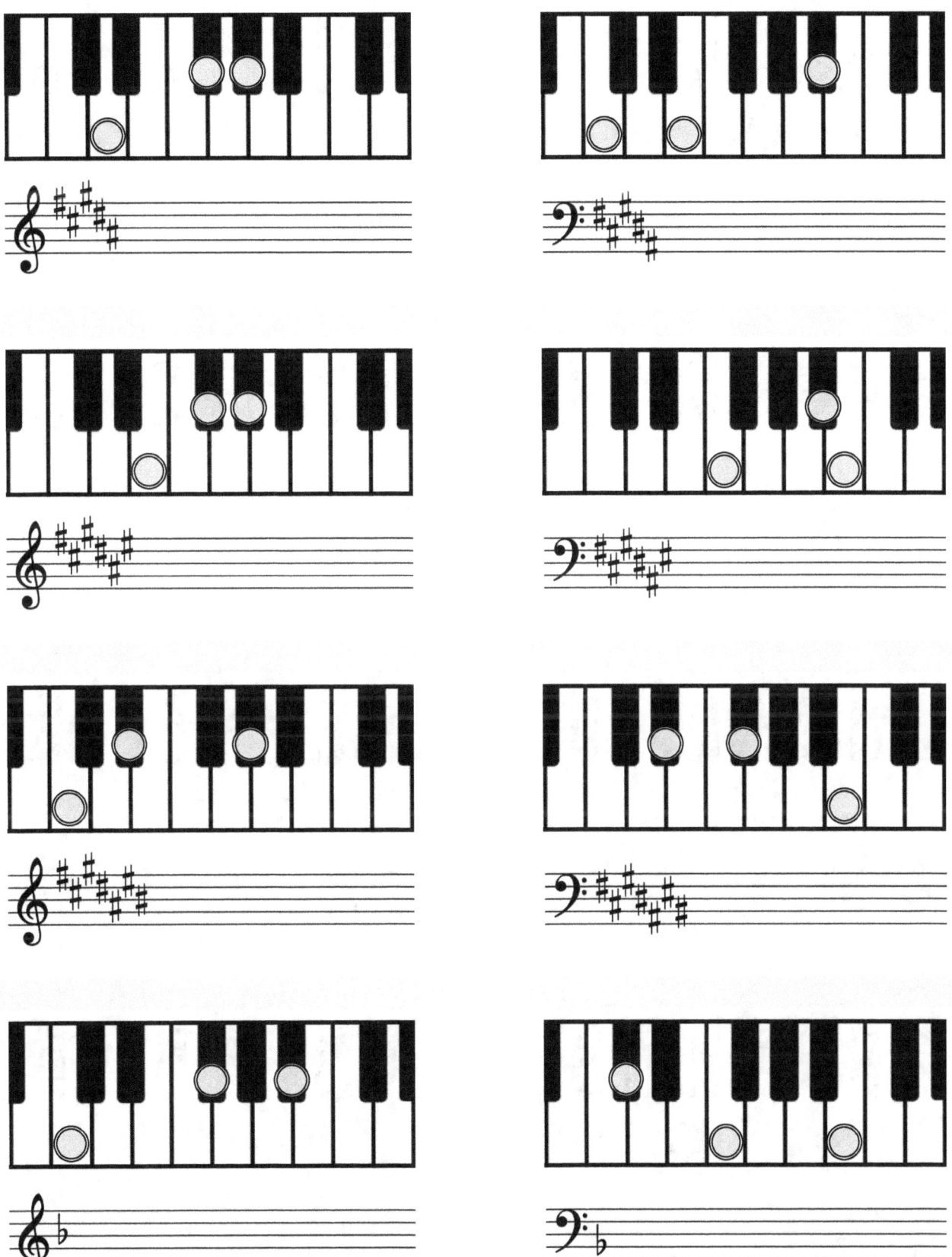

Zeichne die richtigen **Noten** *(ganze)* in die Systeme. **Achte** auf die **Tonart** und **Vorzeichen**.
Verwende die **Vorzeichen** der Tonart oder **Auflösungszeichen** für Noten außerhalb der Tonleiter.

Zeichne die richtigen **Noten** (*ganze*) in die Systeme. **Achte** auf die **Tonart** und **Vorzeichen**.
Verwende die **Vorzeichen** der Tonart oder **Auflösungszeichen** für Noten außerhalb der Tonleiter.

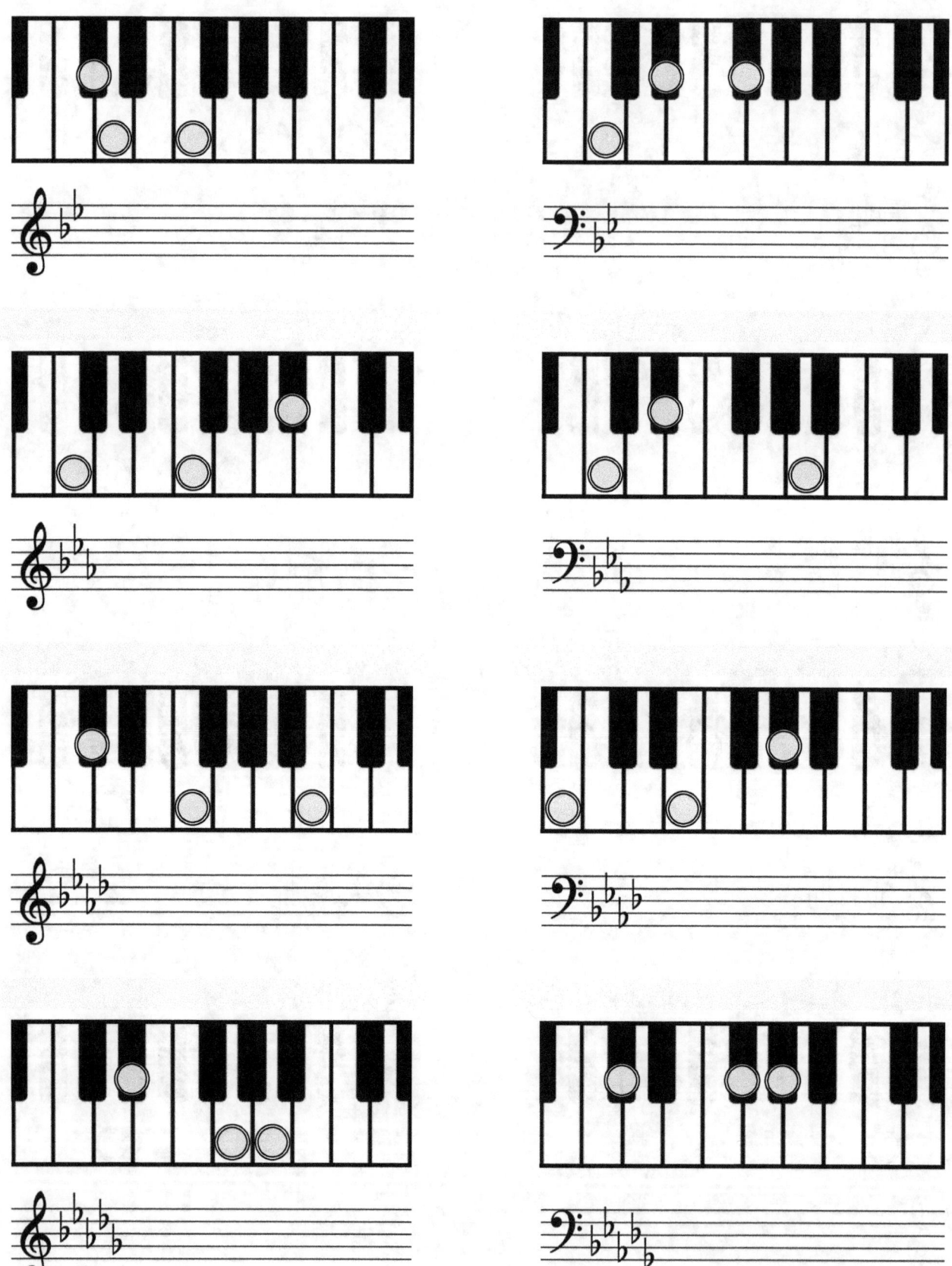

Zeichne die richtigen **Noten** *(ganze)* in die Systeme. **Achte** auf die **Tonart** und **Vorzeichen**.
Verwende die **Vorzeichen** der Tonart oder **Auflösungszeichen** für Noten außerhalb der Tonleiter.

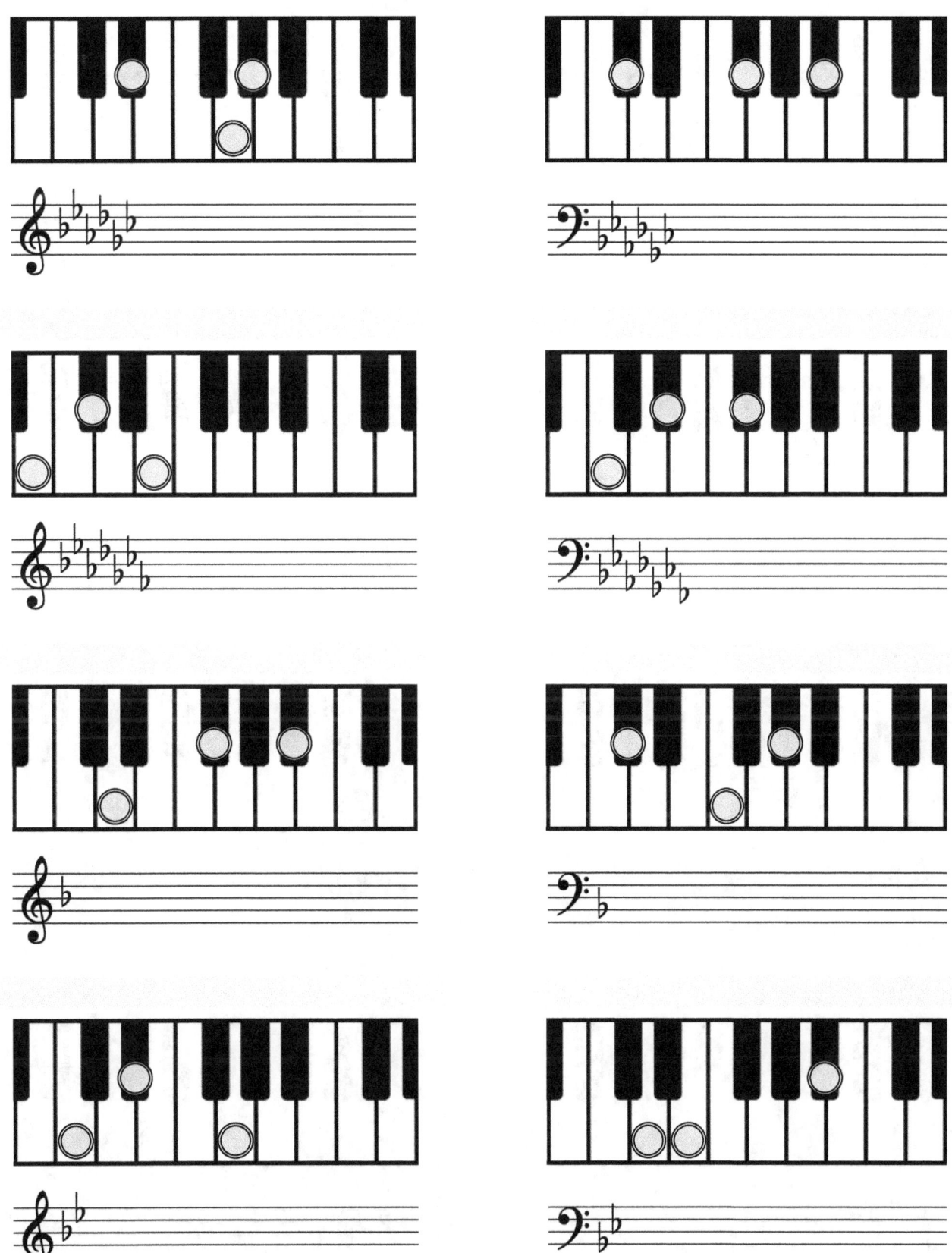

Zeichne die richtigen **Noten** *(ganze)* in die Systeme. **Achte** auf die **Tonart** und **Vorzeichen**.
Verwende die **Vorzeichen** der Tonart oder **Auflösungszeichen** für Noten außerhalb der Tonleiter.

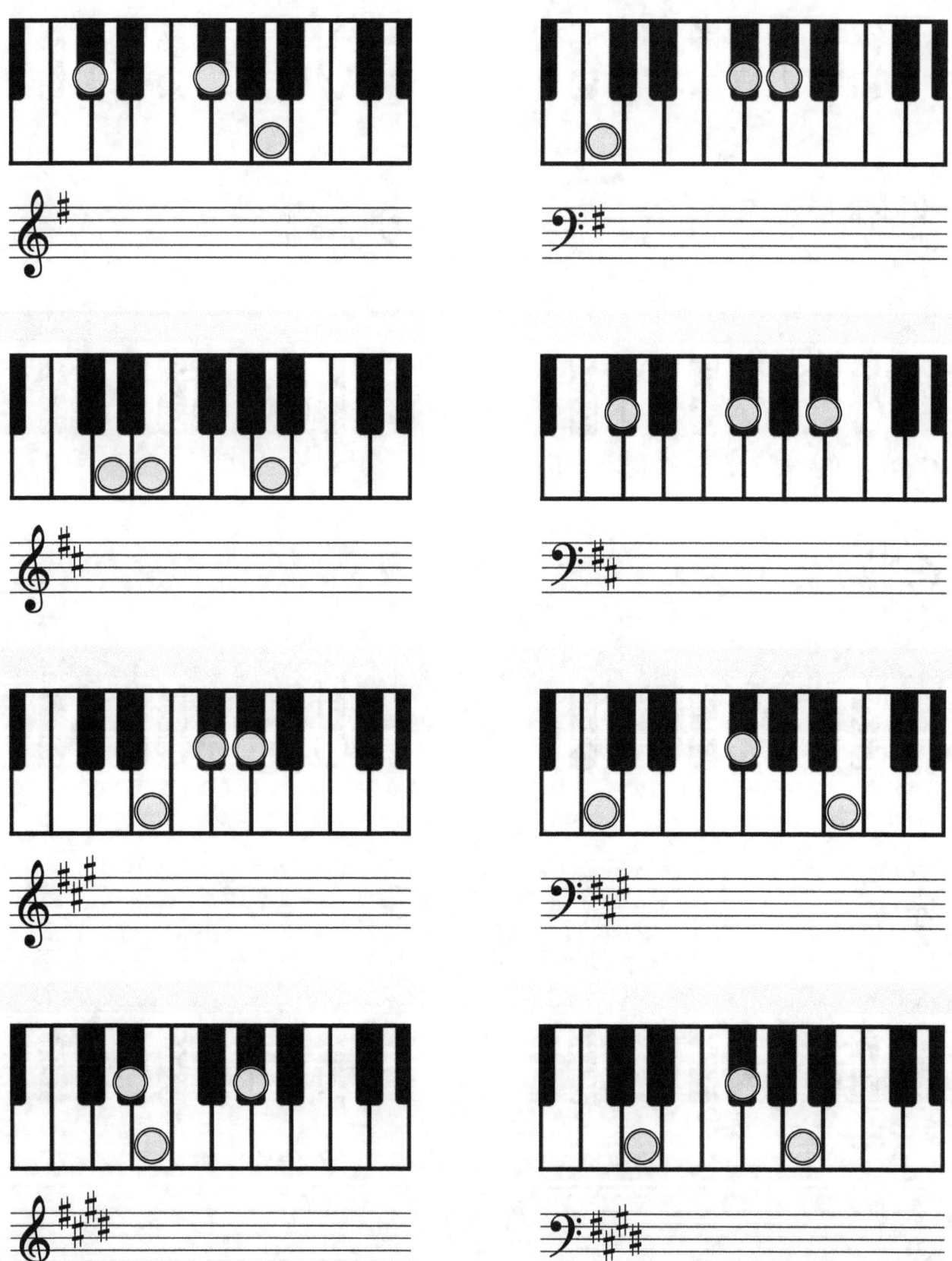

Zeichne die richtigen **Noten** *(ganze)* in die Systeme. **Achte** auf die **Tonart** und **Vorzeichen**.
Verwende die **Vorzeichen** der Tonart oder **Auflösungszeichen** für Noten außerhalb der Tonleiter.

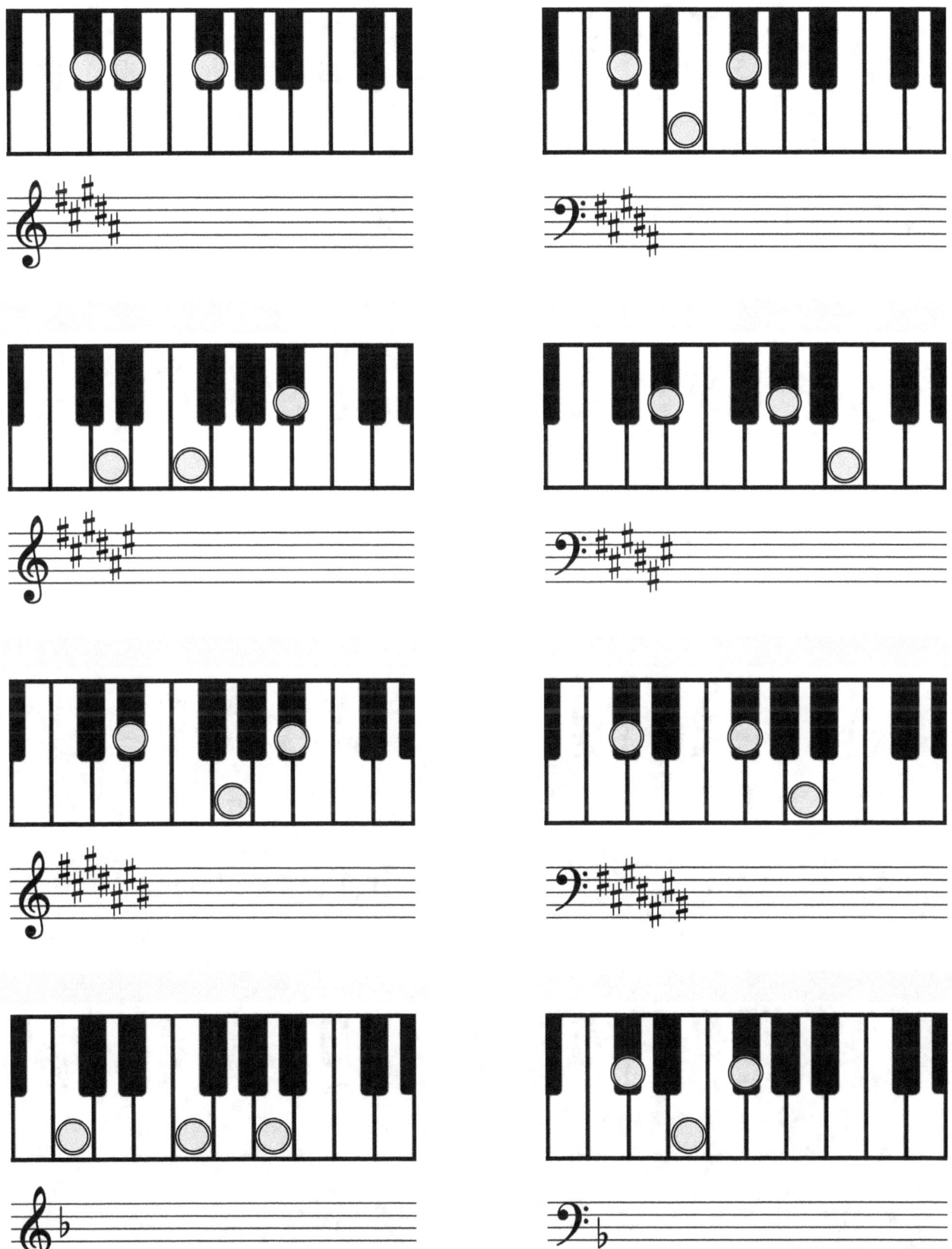

Zeichne die richtigen **Noten** *(ganze)* in die Systeme. **Achte** auf die **Tonart** und **Vorzeichen**.
Verwende die **Vorzeichen** der Tonart oder **Auflösungszeichen** für Noten außerhalb der Tonleiter.

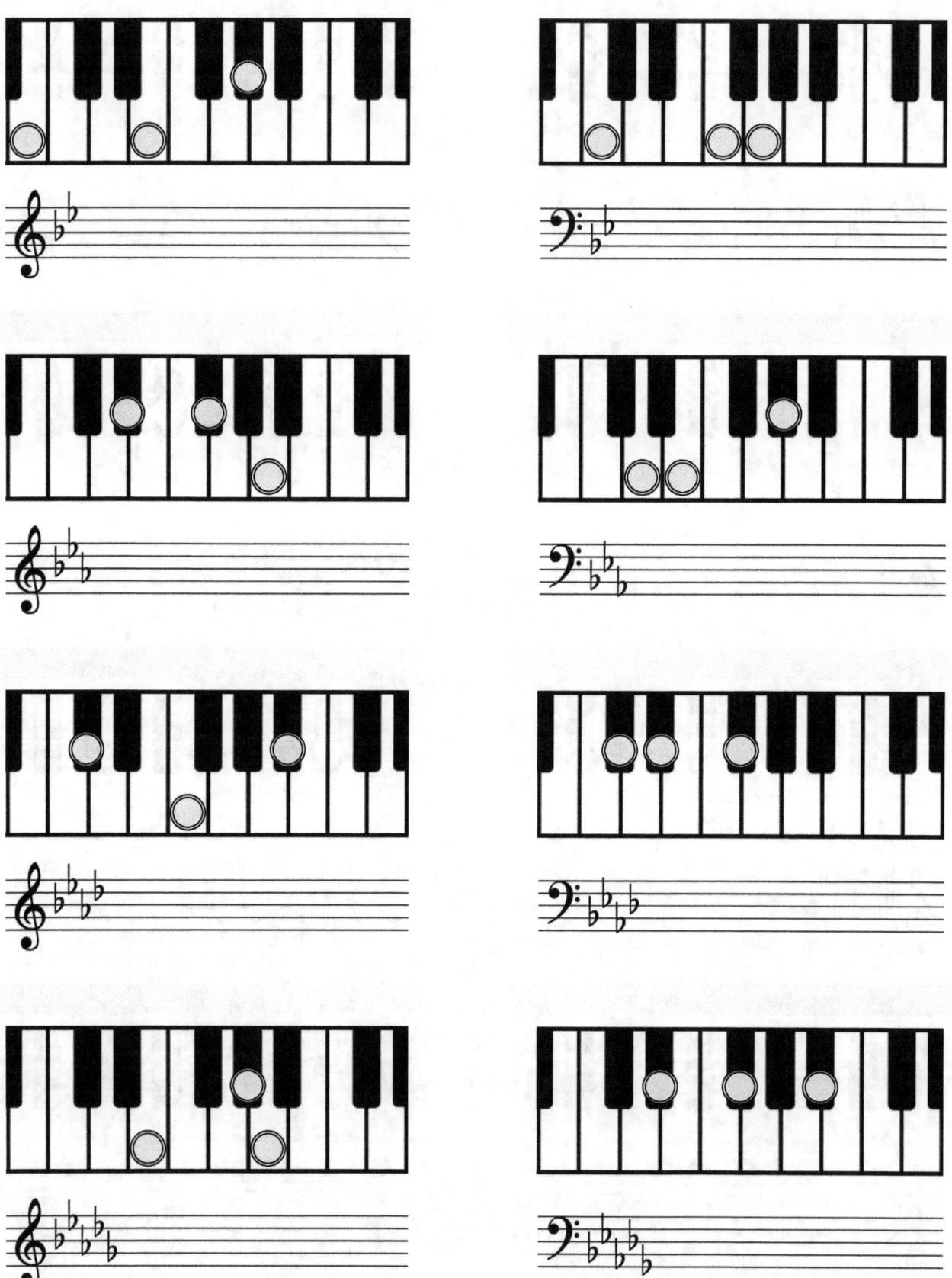

Zeichne die richtigen **Noten** *(ganze)* in die Systeme. **Achte** auf die **Tonart** und **Vorzeichen**.
Verwende die **Vorzeichen** der Tonart oder **Auflösungszeichen** für Noten außerhalb der Tonleiter.

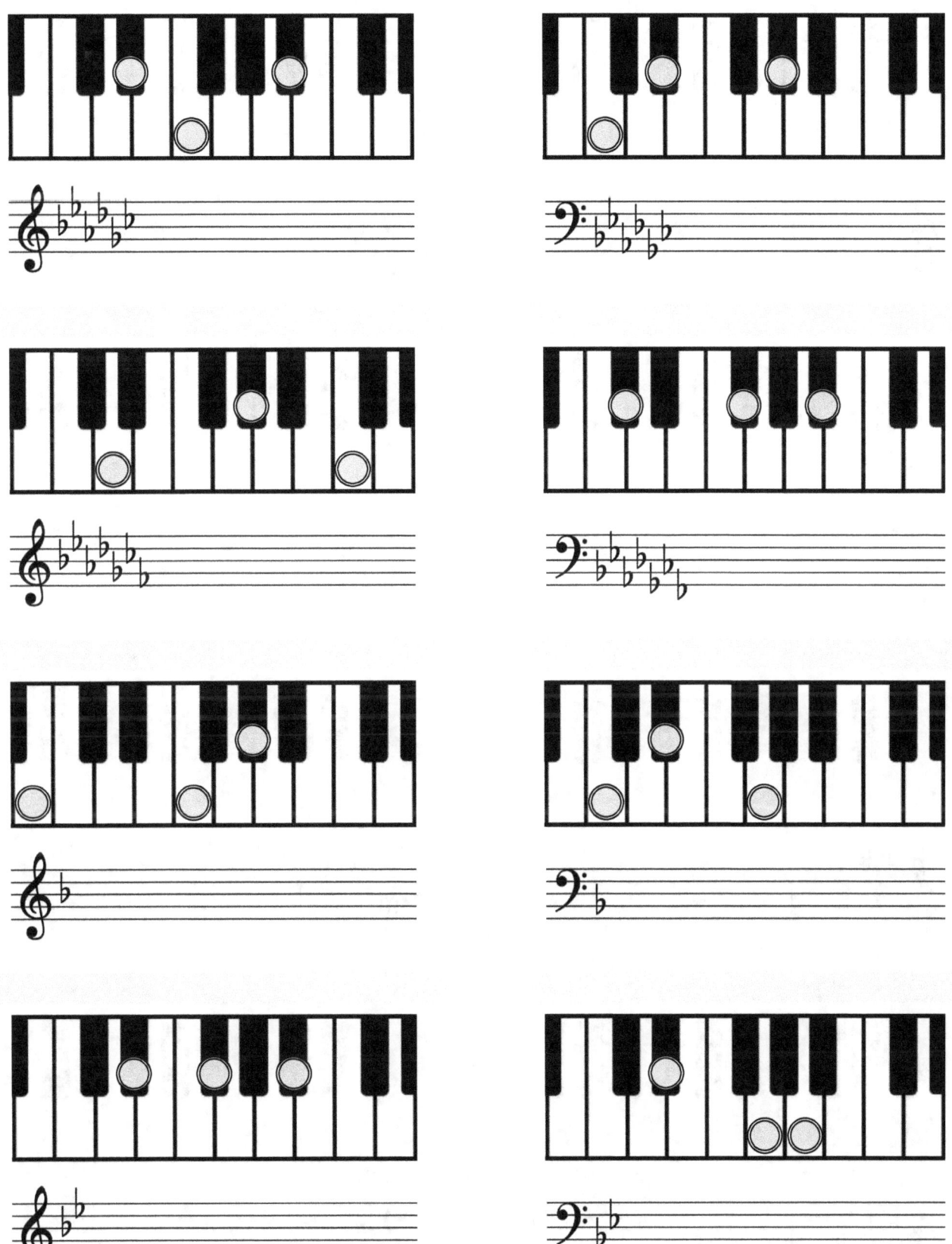

Kreise die korrekten **Tasten** auf der Klaviatur ein. **Achte** auf die Tonart und **Vorzeichen**.

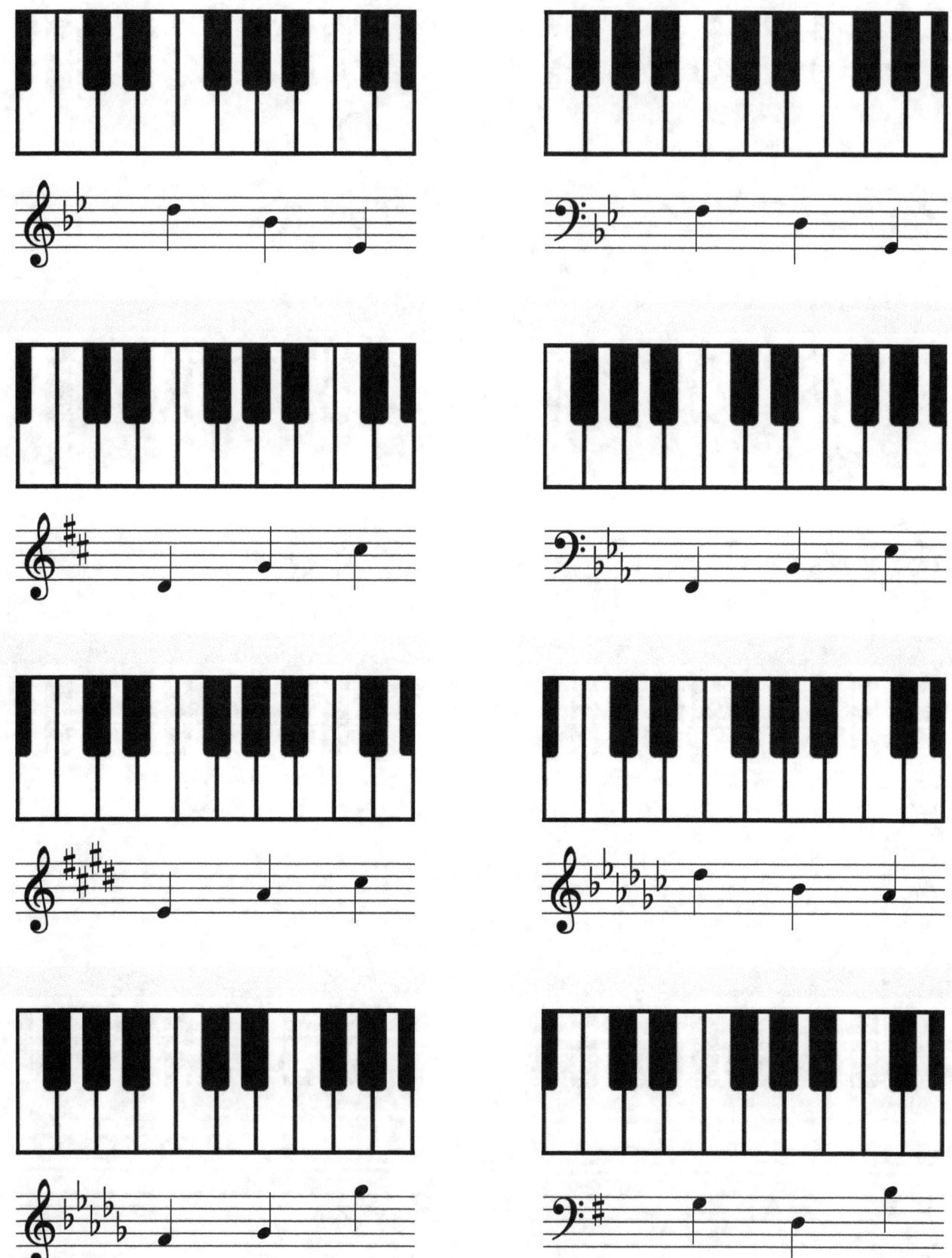

Kreise die korrekten **Tasten** auf der Klaviatur ein. **Achte** auf die Tonart und **Vorzeichen**.

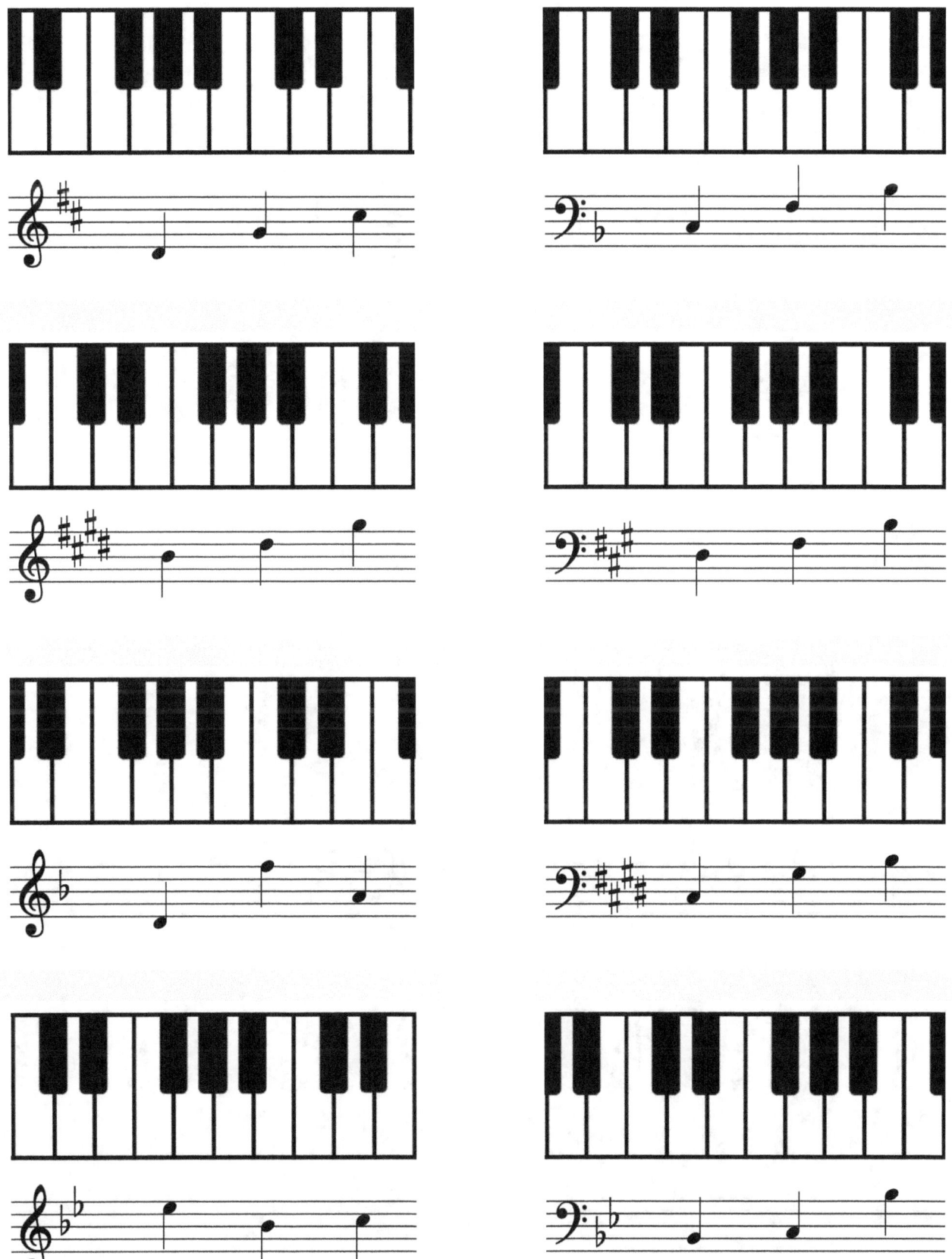

Kreise die korrekten **Tasten** auf der Klaviatur ein. **Achte** auf die Tonart und **Vorzeichen**.

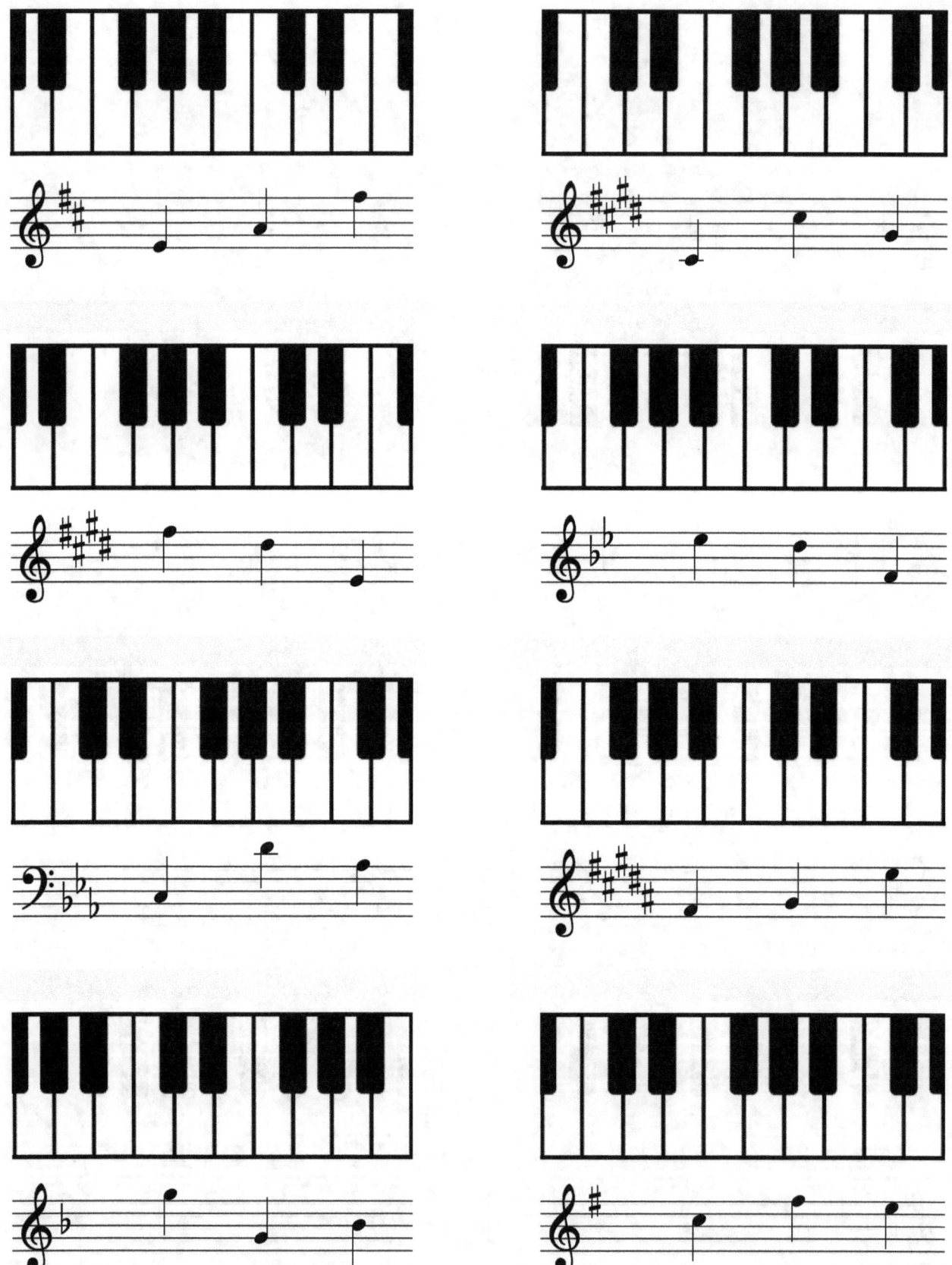

Kreise die korrekten **Tasten** auf der Klaviatur ein. **Achte** auf die Tonart und **Vorzeichen**.

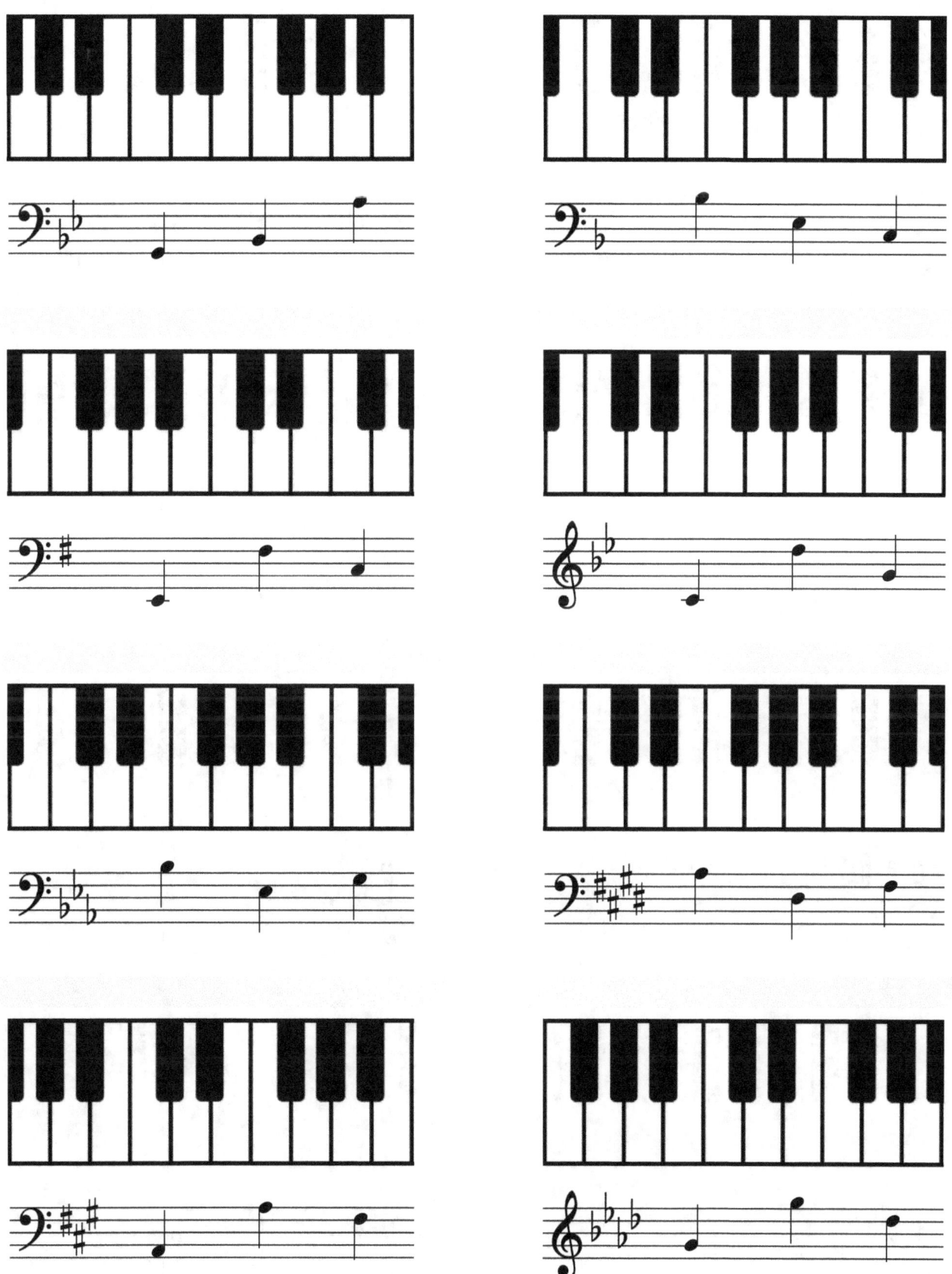

Kreise die korrekten **Tasten** auf der Klaviatur ein. **Achte** auf die Tonart und **Vorzeichen**.

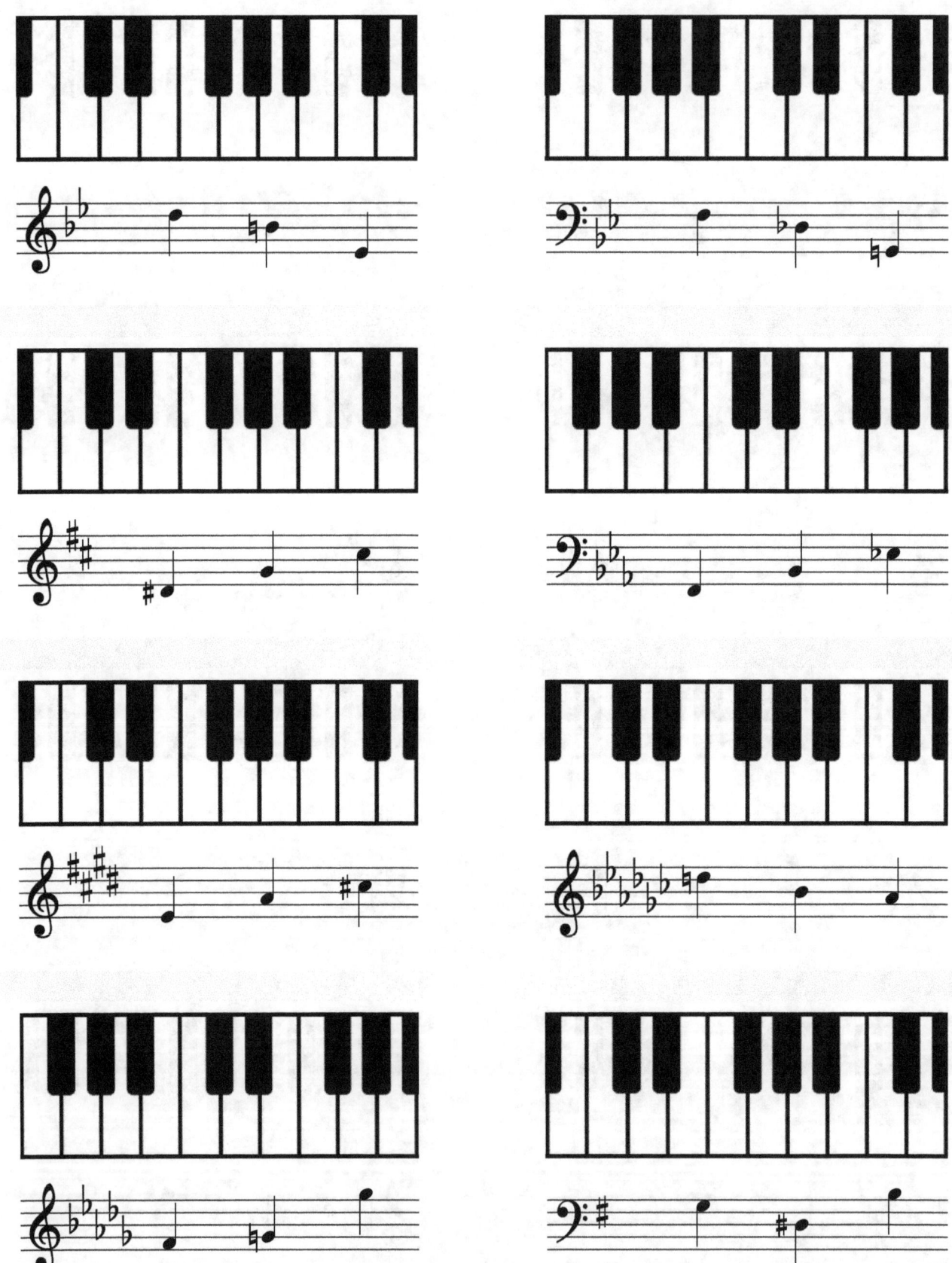

Kreise die korrekten **Tasten** auf der Klaviatur ein. **Achte** auf die Tonart und **Vorzeichen**.

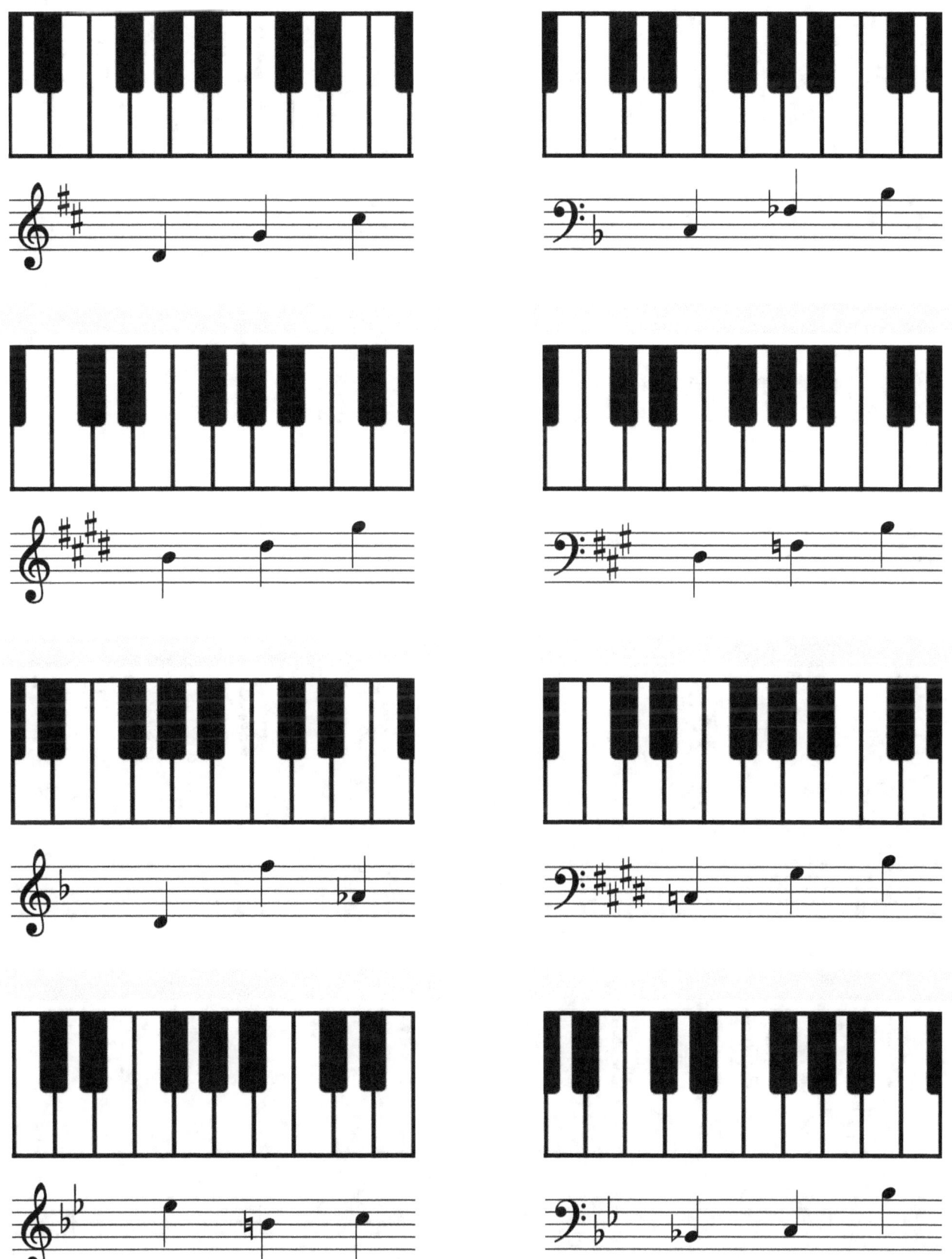

Zeichne / kreise die richtigen **Noten** *(Viertel)* in die Systeme / Tasten. **Achte** auf die **Vorzeichen**.
Verwende die **Vorzeichen** der Tonart oder **Auflösungszeichen** für Noten außerhalb der Tonleiter.

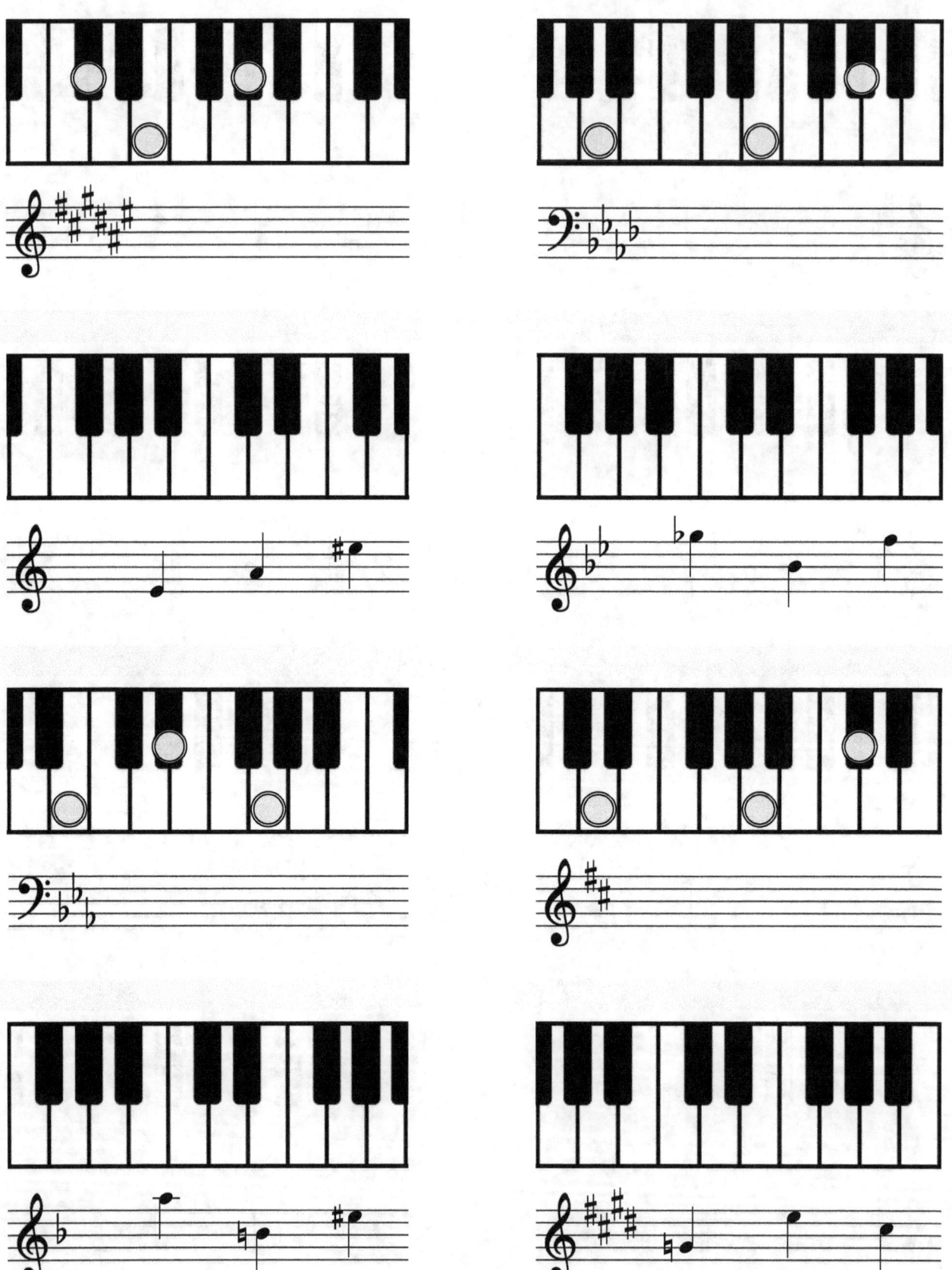

Zeichne / kreise die richtigen **Noten** *(Viertel)* in die Systeme / Tasten. **Achte** auf die **Vorzeichen**.
Verwende die **Vorzeichen** der Tonart oder **Auflösungszeichen** für Noten außerhalb der Tonleiter.

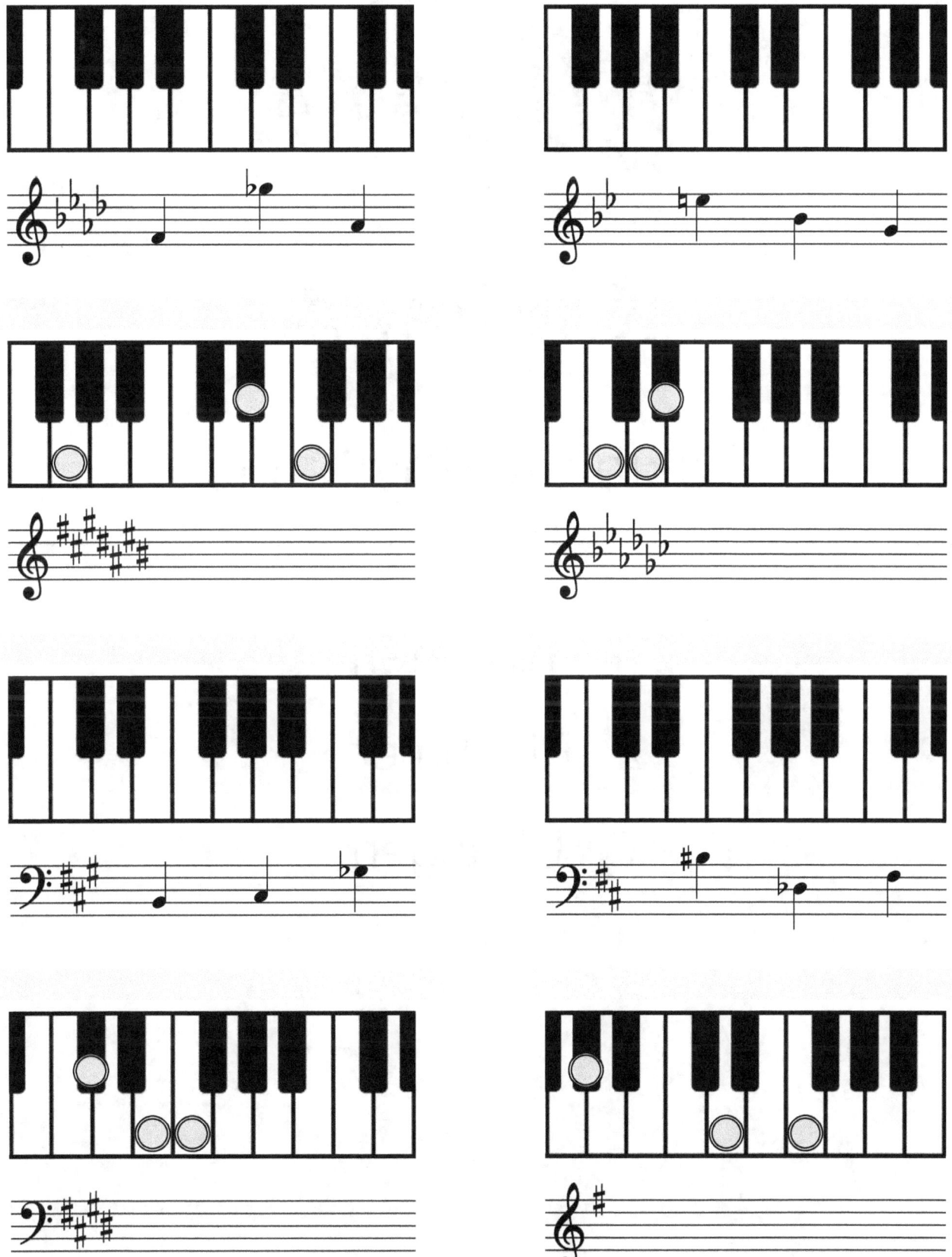

Kapitel 4

Taktart & Rhythmus

Taktart

Die Taktart steht am Anfang eines Musikstücks, direkt nach der Tonartangabe. Anders als die Tonartangabe, die auf jedem Notensystem geschrieben wird, erscheint die Taktart nicht erneut in der Musik, es sei denn, das Metrum ändert sich.

Das Metrum eines Stücks ist sein grundlegender Rhythmus; die Taktart is das Symbol, das Ihnen das Metrum des Musikstücks zeigt und wie es notiert ist.

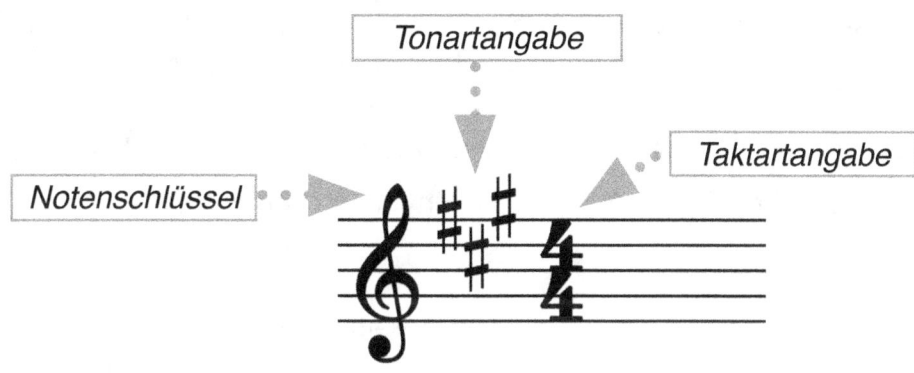

Die meisten Taktarten bestehen aus zwei Zahlen:

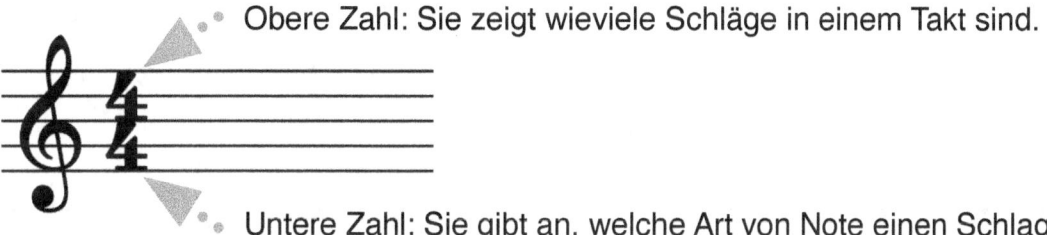

Obere Zahl: Sie zeigt wieviele Schläge in einem Takt sind.

Untere Zahl: Sie gibt an, welche Art von Note einen Schlag zählt

Im "Vier-Viertel-Takt" gibt es vier Schläge in einem Takt, und eine Viertelnote zählt als ein Schlag. Jede Kombination von Noten, die vier Viertel entspricht, kann verwendet werden, um einen Takt auszufüllen.

Vielleicht ist dir aufgefallen, dass die Taktangabe ein wenig wie ein Bruch in der Mathematik aussieht. Einen Takt auszufüllen, fühlt sich ein bisschen wie das Finden von gleichwertigen Brüchen an.
Im "Vier-Viertel-Takt" gibt es zum Beispiel vier Schläge in einem Takt, und eine Viertelnote zählt einen Schlag. Vier Viertelnoten würden also einen Takt füllen. Aber jede andere Kombination von Noten, die vier Viertel entspricht, würde das ebenfalls tun: eine ganze Note, zwei halbe Noten, eine halbe Note plus zwei Viertelnoten und so weiter.

Normalerweise müssen alle Takte eines Musikstücks genau die Anzahl an Schlägen aufweisen, die in der Taktart angegeben sind. Die Schläge können mit jeder Kombination von Noten oder Pausen, die ebenfalls durch die Taktart vorgegeben sind gefüllt werden, müssen aber genau die richtige Anzahl an Schlägen ergeben.

Wenn ein Takt oder eine Gruppe von Takten mehr oder weniger Schläge hat, muss die Taktart geändert werden. Außnahmen hier können der erste Takt "Auftakt" und der letzte Takt "Schlusstakt" sein.

Klatschübungen zu Rhythmen

Da Musik im Laufe der Zeit gehört wird, wird sie hauptsächlich dadurch strukturiert, dass diese Zeit in kurze Abschnitte eingeteilt wird, die als Schläge bezeichnet werden. In den meisten Musikstücken passiert etwas genau am Anfang jedes Schlages. Dies macht den Schlag leicht hörbar und spürbar.

Wenn du in die Hände klatschst, mit den Zehen tippst oder tanzt, "bewegst du dich zum Schlag". Deine Klatscher erklingen ebenfalls am Anfang des Schlages. Dies wird auch als "auf dem Downbeat sein" bezeichnet, weil es der Moment ist, in dem der Taktstock des Dirigenten den tiefsten Punkt seiner Bewegung erreicht und wieder nach oben beginnt.

Sie können ohne Metronom anfangen oder lansgam mit einem Metronom beginnen.

Das Zählen von "1, 2, 3, 4" als Einstieg bevor der Rhythmus beginnt ist hilfreich.

Klatschen (Viertelnoten klatschen; zu jedem Schlag des Metronoms klatschen)

Zählen (Zähle "1, 2, 3, 4" weiter während du klatschst)

Klatschen (Halbe Noten klatschen; klatsche Schlag 1, Pause 2, klatsche Schlag 3 etc.)

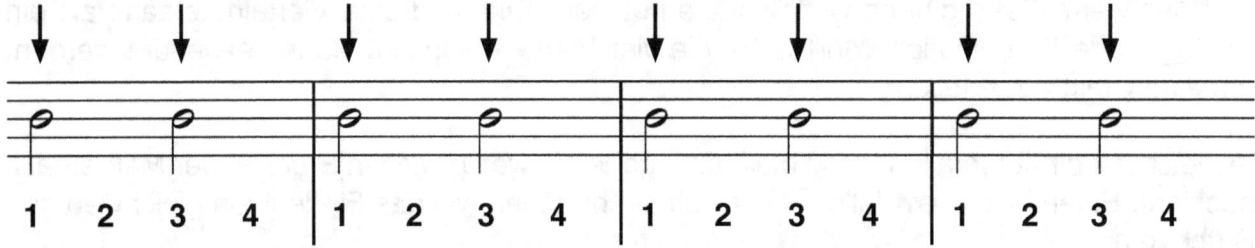

Zählen (Zähle "1, 2, 3, 4" weiter während du klatschst)

Klatschen (Ganze Noten klatschen; klatsche Schlag 1, Pause 2-3-4, klatsche Schlag 1 etc.)

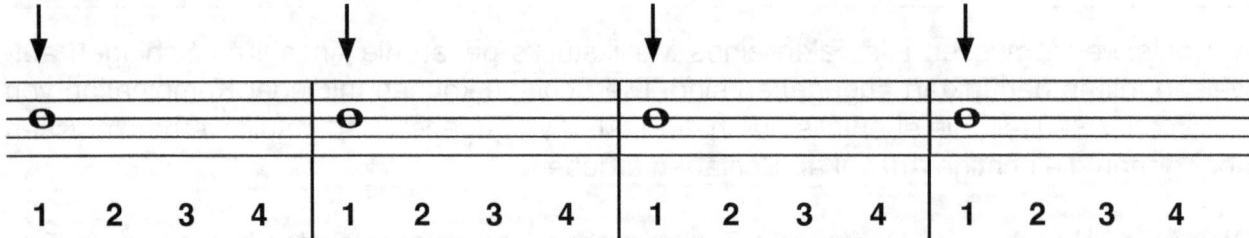

Zählen (Zähle "1, 2, 3, 4" weiter während du klatschst)

Beispiele

Im "Drei-Viertel-Takt" gibt es drei Schläge in einem Takt, und eine Viertelnote zählt als ein Schlag.

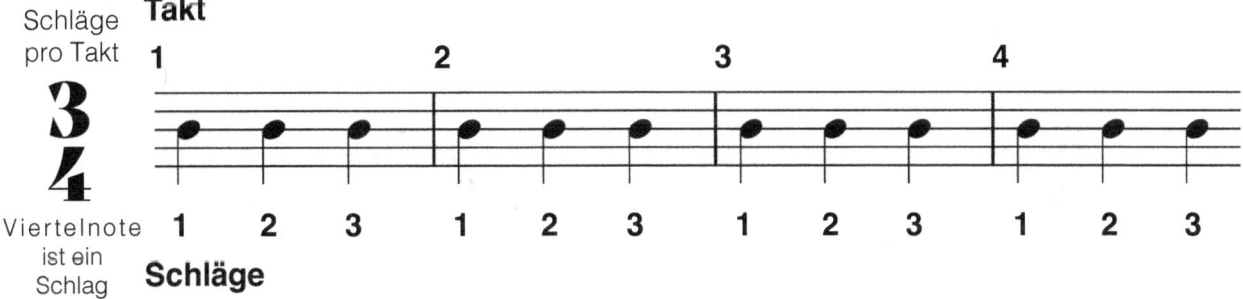

Im "Vier-Viertel-Takt" gibt es vier Schläge in einem Takt, und eine Viertelnote zählt als ein Schlag.

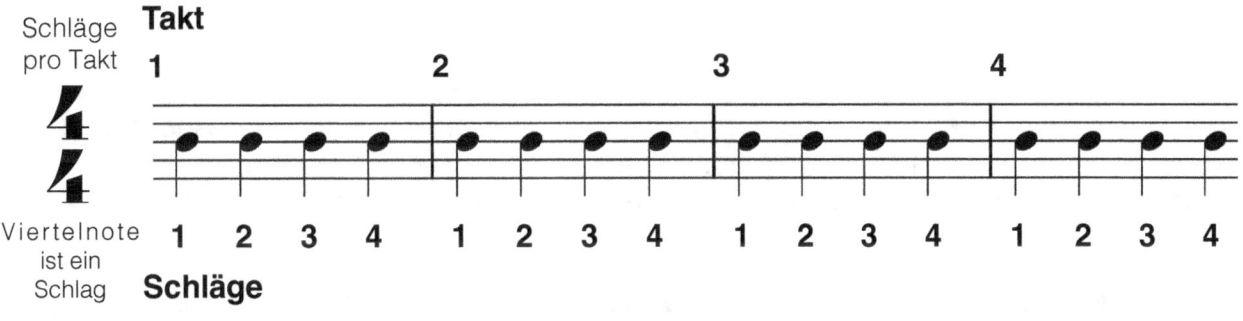

Zum Beispiel kann im "Vier-Viertel-Takt" jede Kombination von Noten und Pausen, die vier Viertel entsprechen, verwendet werden, um einen Takt auszufüllen.

4 Viertelnoten	=	2 halbe Noten	=	1 ganze Note	=	2 Viertelnoten + 4 Achtelnoten	=	usw.

Im "Drei-Achtel-Takt" kann jede Kombination von Noten und Pausen, die drei Achtel entsprechen, verwendet werden, um einen Takt auszufüllen. (Als Erinnerung: Der Punkt verlängert den Wert einer Note um dessen Hälfte).

3 Achtel Noten	=	6 sechszehntel Noten	=	1 Viertel + 1 Achtel	=	1 Viertel mit Punkt	=	2 Achtelnoten + 2 Sechszehntel

Einige Taktarten müssen nicht als Zahlen geschrieben werden. Der Vier-Viertel-Takt wird so häufig verwendet, dass er oft als "Gemeiner Takt" bezeichnet wird, dargestellt durch ein fettes "C" (steht für "common time" = "übliche Zeit"). Wenn beide Vieren "halbiert" zu Zweien werden, erhält man den "Allabreve-Takt", der als "C" dargestellt wird, das von einem vertikalen Strich durchtrennt ist.

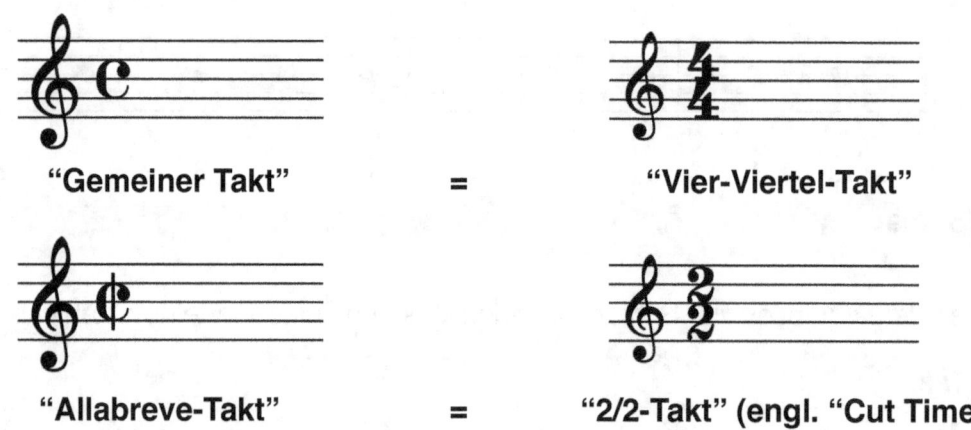

| **"Gemeiner Takt"** | = | **"Vier-Viertel-Takt"** |
| **"Allabreve-Takt"** | = | **"2/2-Takt" (engl. "Cut Time")** |

In der Musik bezeichnet das "Metrum" (manchmal auch Taktart genannt) die Anordnung der Schläge in einem Musikstück in ein Muster aus starken und schwachen Schlägen. Normalerweise lässt sich ein Muster in den Schlägen erkennen: stark-schwach-schwach-stark-schwach-schwach oder stark-schwach-stark-schwach.

Daher werden Schläge weiterhin durch ihre Gruppierung in Takte organisiert. Zum Beispiel würde ein Takt bei einem Schlagmuster von stark-schwach-schwach-schwach-stark-schwach-schwach-schwach oder 1-2-3-4-1-2-3-4 vier Schläge umfassen.

↓ Downbeat (Der Schlag kann stark oder schwach bzw. schwer oder leicht sein)

Die Takte in den Metren 1/1, 2/2, 4/4 sehen identisch aus, fühlen sich jedoch unterschiedlich an, da sie unterschiedlich viele Schläge enthalten. Ein Takt im 4/4-Takt sieht genauso aussieht wie ein Takt im 2/2-Takt. Schließlich ergibt in der Mathematik vier Viertel dasselbe wie zwei Halbe. Warum schreibt man nicht 2/2 als 4/4, wobei Viertelnoten den Schlag bekommen statt Halbnoten?

Die Musik würde ganz anders aussehen, aber sie würde gleich klingen, solange die Schläge die gleiche Geschwindigkeit haben. Der Komponist wählt normalerweise eine Taktart, die die Musik leicht lesbar macht und auch einfach zu zählen ist. Fühlt sich die Musik so an, als hätte sie vier Schläge in jedem Takt, oder geht sie so schnell vorbei, dass Sie nur Zeit haben, zweimal in einem Takt mit dem Fuß zu tippen?

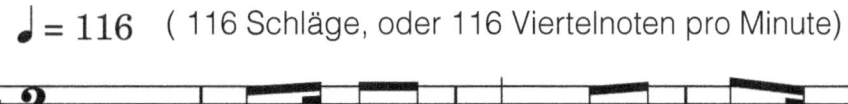

♩ = 116   (116 Schläge, oder 116 Viertelnoten pro Minute)

♩ = 116   (116 Schläge, oder 116 halbe Noten pro Minute)

Zusammengesetzte Taktarten

Ein Stück im 6/8-Takt könnte sechs Schläge in jedem Takt haben, wobei eine Achtelnote einen Schlag bekommt. Wahrscheinlicher ist jedoch, dass eine punktierte Viertelnote (oder drei Achtelnoten) einen Schlag erhält. Da Schläge normalerweise in Halbe und Viertel unterteilt werden, ist dies der einfachste Weg für Komponisten, Schläge zu schreiben, die in Drittel unterteilt sind. Auf die gleiche Weise könnte 3/8 nur einen Schlag pro Takt haben; 9/8 drei Schläge pro Takt; und 12/8 vier Schläge pro Takt.

Übung *(Lösung auf S.133)*

Schreibe die folgenden Taktarten in die Notensysteme. Schreibe jeden Takt mit unterschiedlichen Kombinationen von Notenlängen und verwende mindestens eine punktierte Note in jedem System.

1. **2/4** Taktart
2. **3/8** Taktart
3. **6/4** Taktart

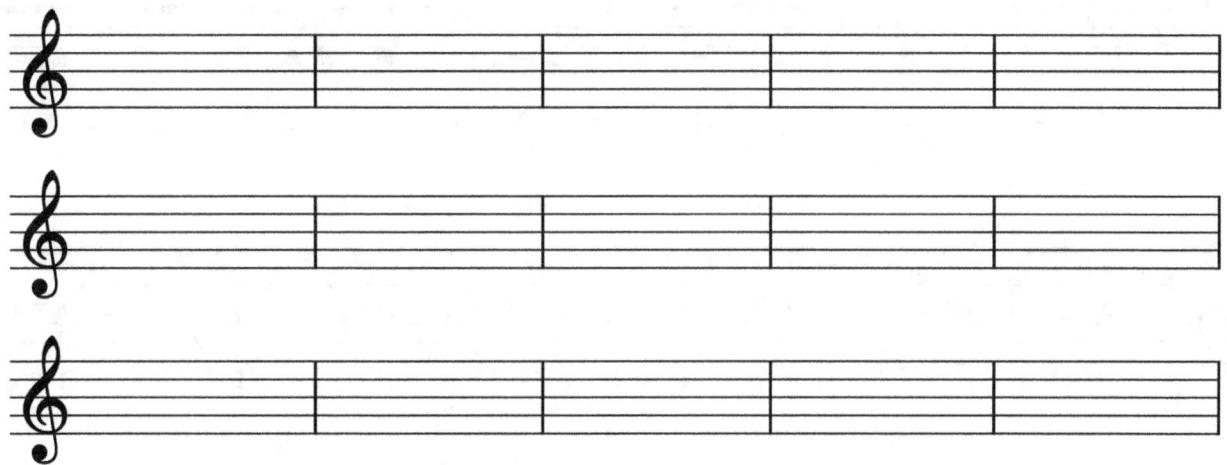

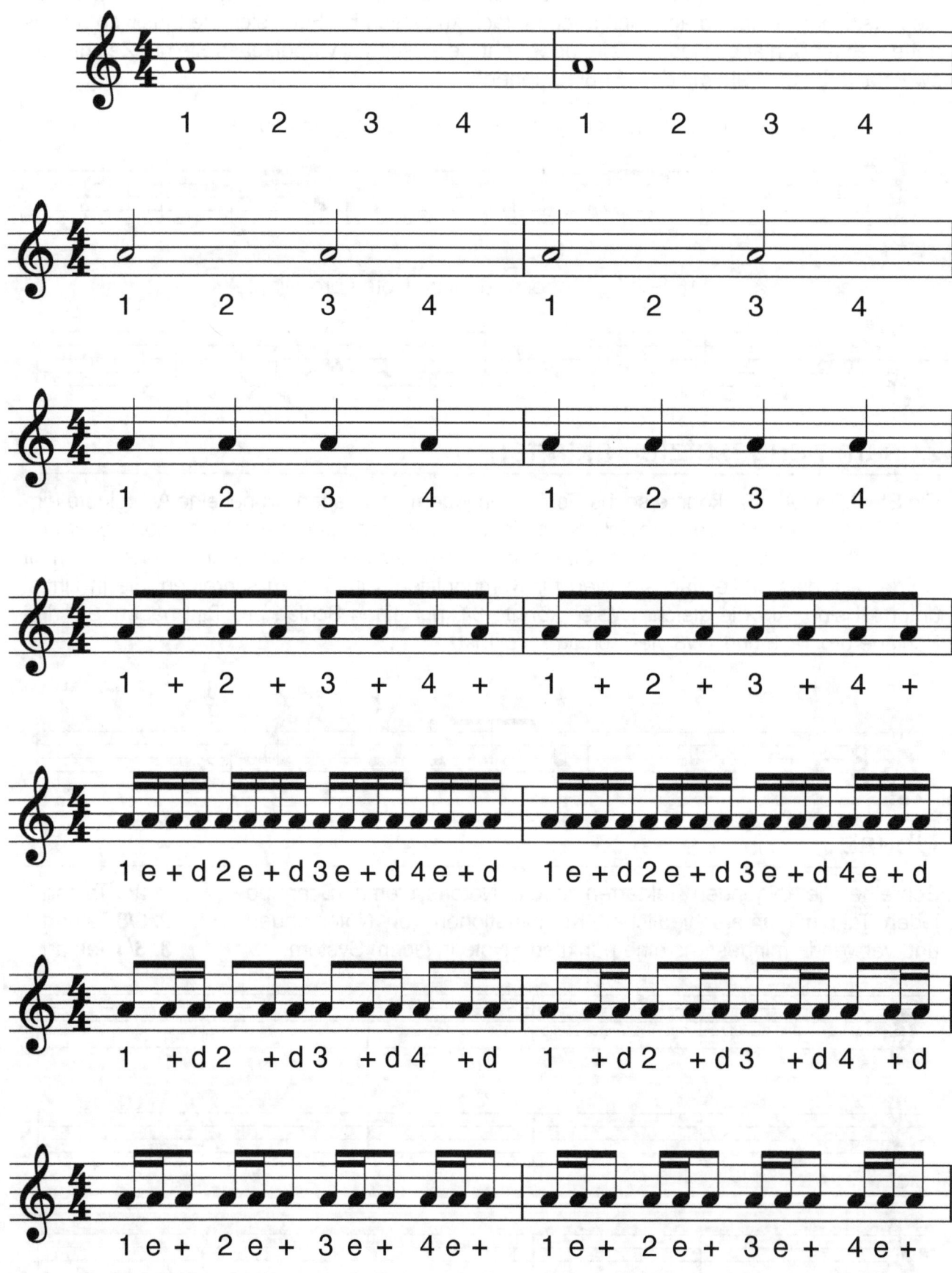

Rhythmus zählen im 3/4-Takt

Rhythmik Übung - 1

Schreibe die richtigen **Rhythmus-Zählwerte** unter die zugehörigen Noten in jedem Takt.
Achte auf die Notenlängen und die Taktart.

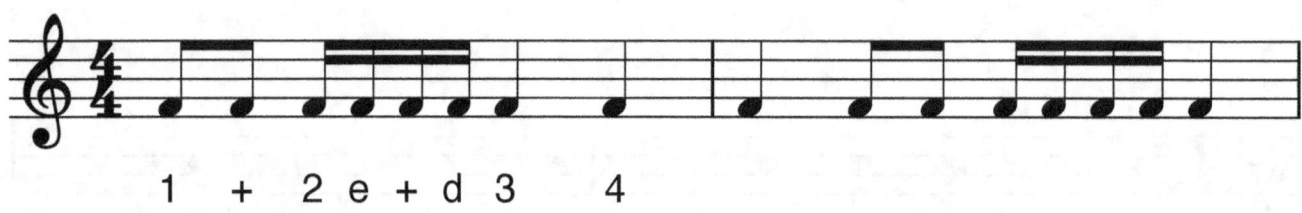

1   +   2 e + d 3   4

Rhythmik Übung - 2

Schreibe die richtigen **Rhythmus-Zählwerte** unter die zugehörigen Noten in jedem Takt.
Achte auf die Notenlängen und die Taktart.

1 e + d 2 + 3 + d 4

Rhythmik Übung - 3

Schreibe die richtigen **Rhythmus-Zählwerte** unter die zugehörigen Noten in jedem Takt.
Achte auf die Notenlängen und die Taktart.

1 + 2 + 3   4

1   2   3

Rhythmik Übung - 4

Schreibe die richtigen **Rhythmus-Zählwerte** unter die zugehörigen Noten in jedem Takt.
Achte auf die Notenlängen und die Taktart.

1   2 + 3   4

1   2   3

Tips zum Notenlesen

1. Auf das Notenblatt konzentrieren

Wenn du Klavier oder Keyboard spielst, arbeite an der Gewohnheit, deine Finger nicht anzusehen, während du vom Notenblatt liest. Dies hilft dir deine Fähigkeiten zu verbessern und effektiv Noten zu lesen.

2. Vorzeichen & Muster beachten

Vorzeichen sagen dir, welche Noten (falls vorhanden) erhöht oder erniedrigt werden müssen. Behalte die Tonart beim Spielen immer im Hinterkopf. Achte auf Muster – rhythmische und melodische – sowie auf Tonleitern, Arpeggien und Akkorde: Diese können als Orientierungspunkte dienen.

3. Takt und Rhythmus mitzählen

Die Taktangabe (hinter dem Vorzeichen am Anfang) zeigt dir, wie viele Schläge du zählen sollst. Um den Rhythmus richtig zu verinnerlichen, klopfe ihn langsam mit beiden Händen auf den Klavier. Die rechte Hand klopft die obere Notenzeile, die linke Hand die untere. Zähle dabei laut mit.

4. Zählen und Klatschen

Klatsche beim Üben eines neuen Stücks den Rhythmus und zähle dabei laut mit. Es ist hilfreich, den Rhythmus auf das Notenblatt zu schreiben. Zähle am Anfang immer den Rhythmus, um eine gute Gewohnheit zu entwickeln.

5. Hände einzeln üben

Übe, wann immer möglich, jede Hand einzeln. Konzentriere dich immer auf eine Hand zurzeit. Wenn beide Hände ihre Teile sicher beherrschen, kannst du im nächsten Schritt mit beiden Händen zusammenspielen.

6. Lerne kurze Abschnitte nacheinander

Übe immer kleine Abschnitte auf einmal. Bleibe zu Beginn innerhalb von vier Takten. Denk an den Witz: Wie isst man einen Elefanten? Einen Bissen nach dem anderen. Zu große Abschnitte zu üben kann zu Frustration führen.

7. Möglichst nicht unterbrechen

Versuche, nicht zu stoppen oder zu zögern. Spiele weiter, auch wenn du Fehler machst – einen gleichmäßigen Puls beizubehalten, ist wichtiger, als alle Noten richtig zu spielen.

8. Alles braucht seine Zeit

Entspanne dich und bleib fröhlich. Es ist unglaublich frustrierend, wenn deine Hände nicht das tun, was dein Kopf vorgibt. Denke daran: Übung macht den Meister.

Lösungen

Bei den Lösungen ist zu beachten, dass es oft mehrere Möglichkeiten gibt, bestimmte Noten darzustellen.

Wir bemühen uns, Ihnen den einfachsten Weg zu bieten, indem wir möglichst wenige Hilfslinien verwenden und die Noten in der Reihenfolge aufschreiben, in der sie auf der Klaviatur bzw. im Notensystem erscheinen.

Zeichne auf dem Notensystem zehn Violinschlüssel ein

Bennene die Noten der Linien, Zwischenräume und Hilfslinien im Violinschlüssel

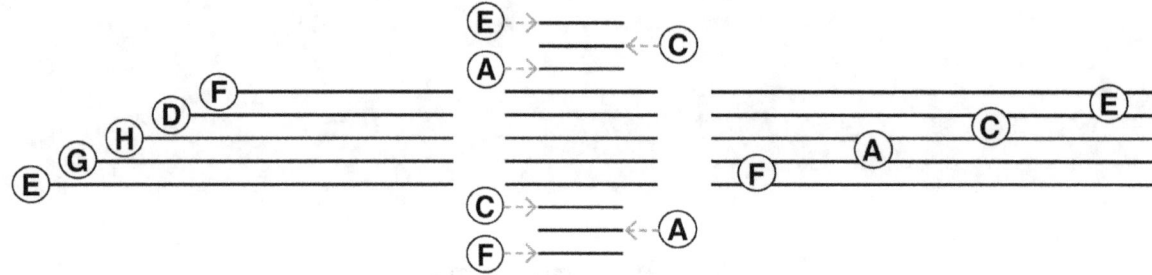

Übung Bassschlüssel

Zeichne auf dem Notensystem zehn Bassschlüssel ein

Bennene die Noten der Linien, Zwischenräume und Hilfslinien im Bassschlüssel

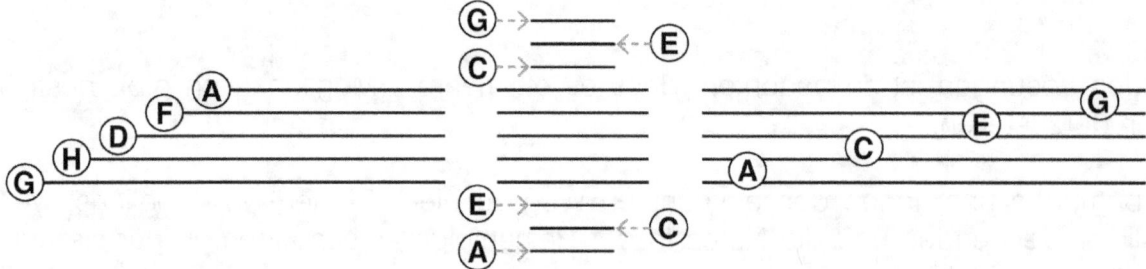

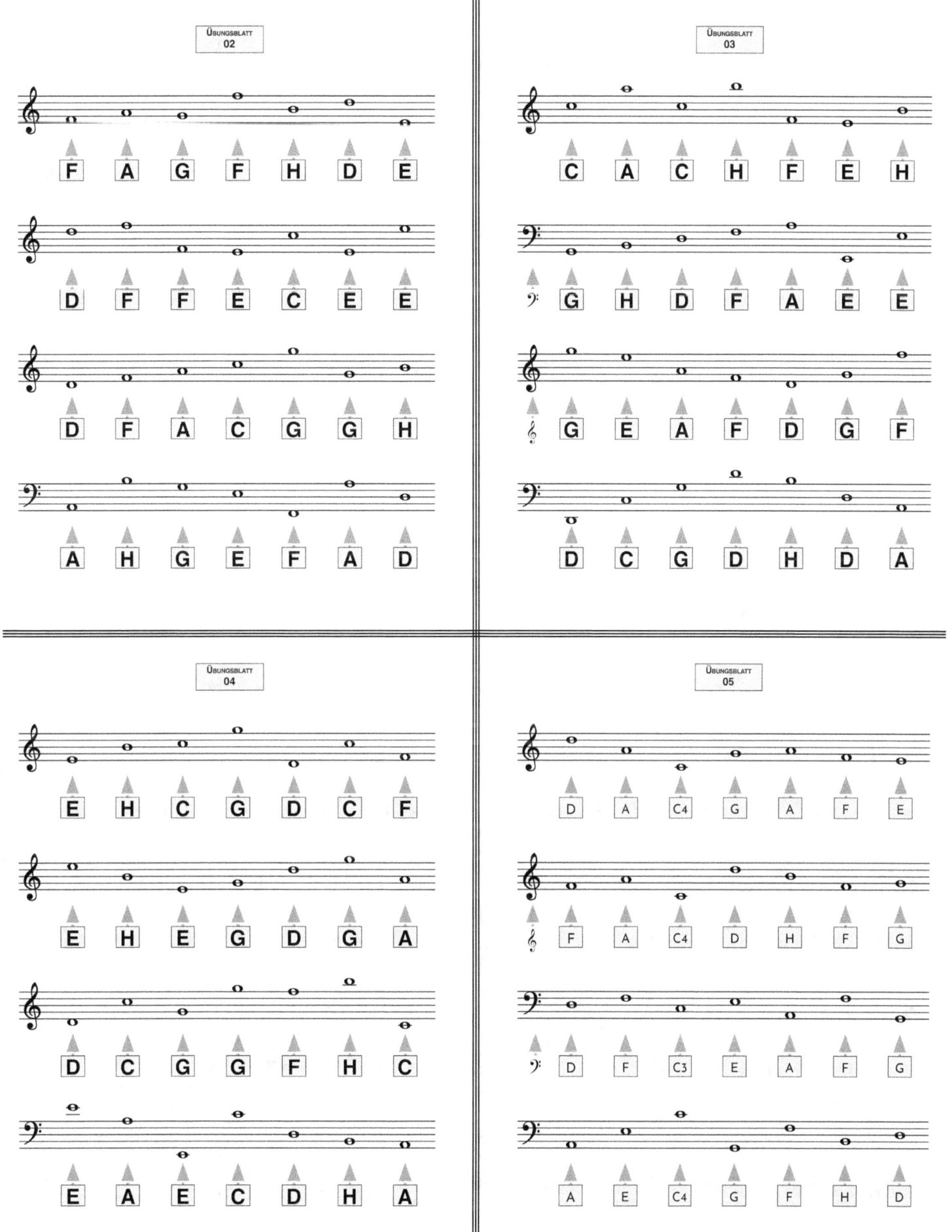

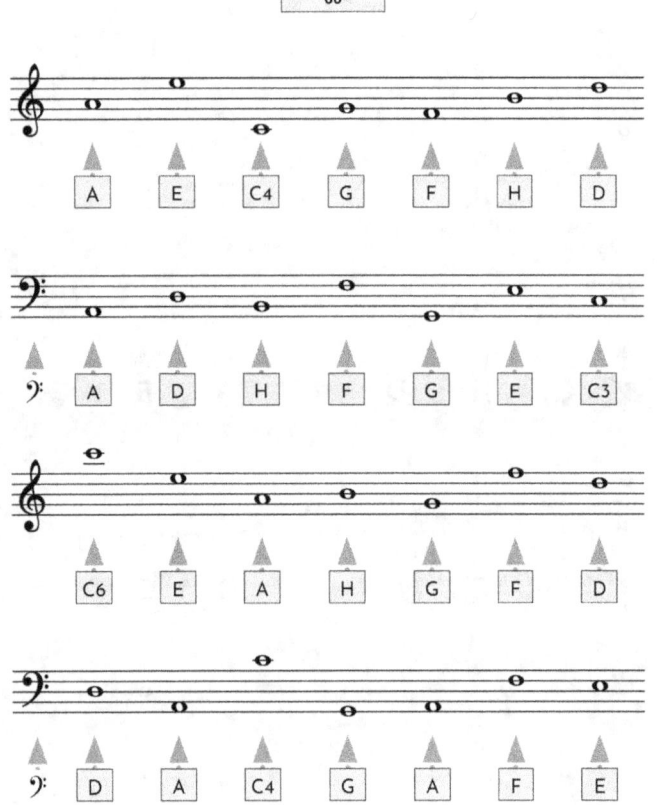

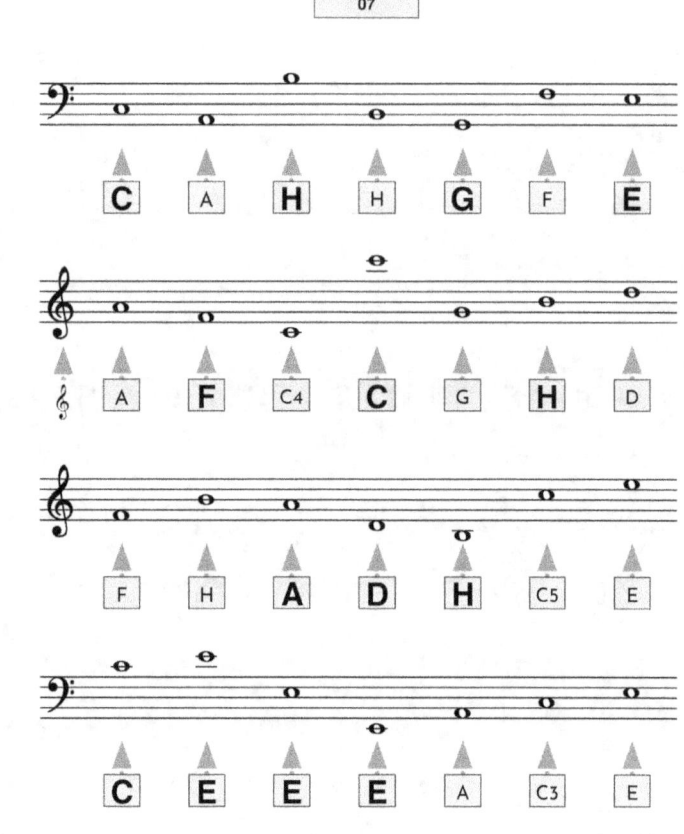

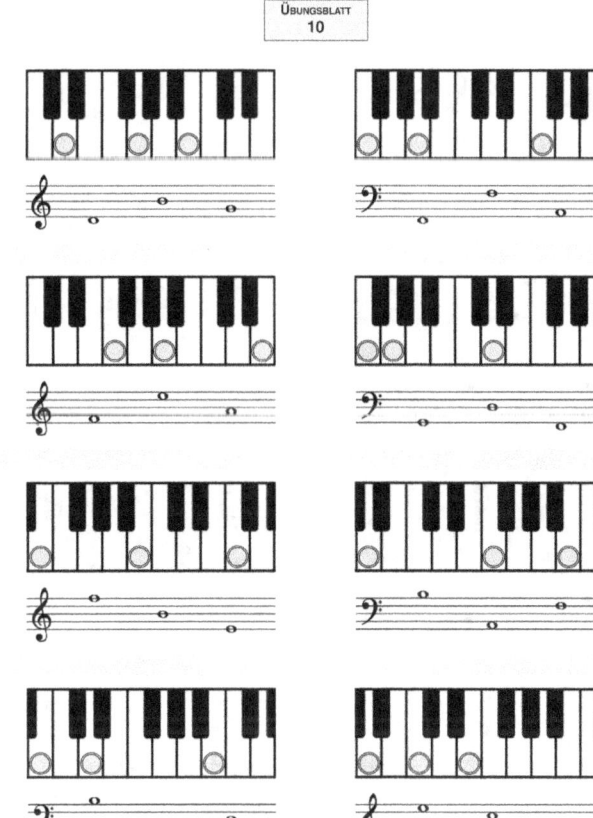

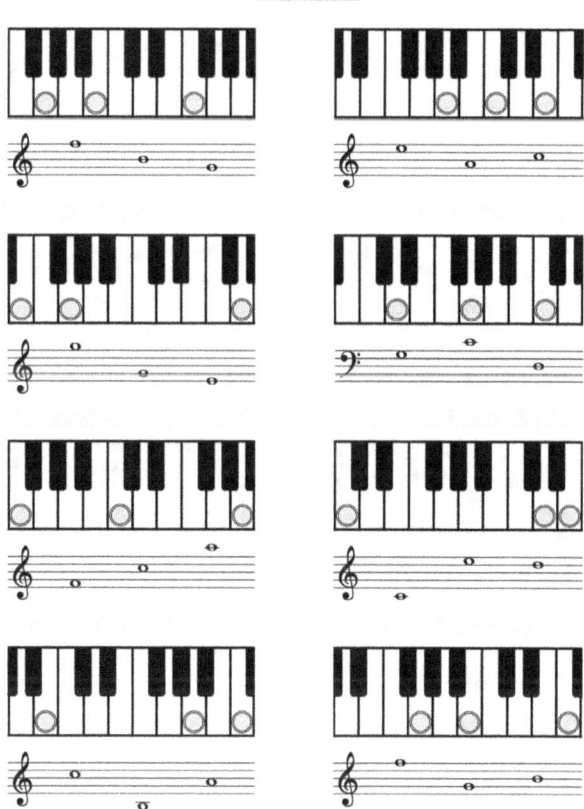

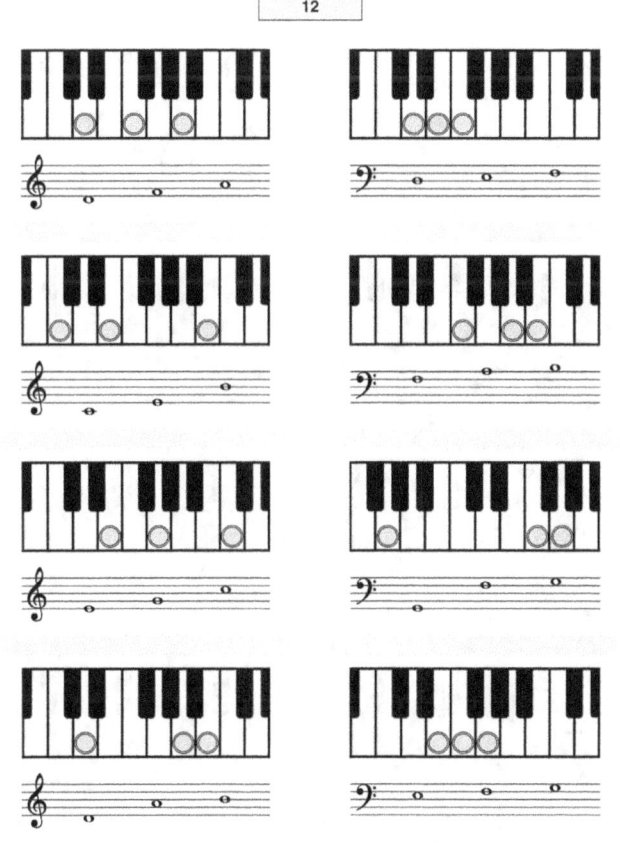

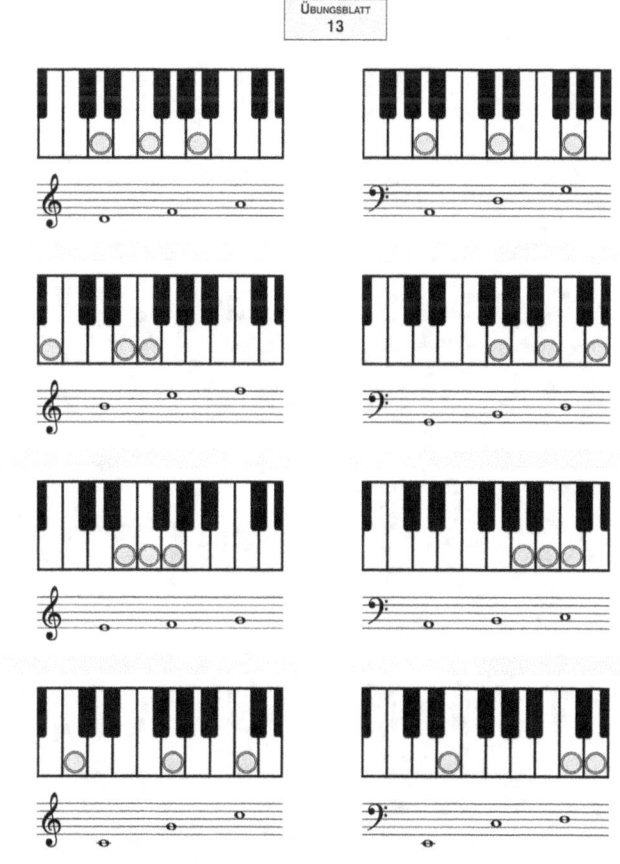

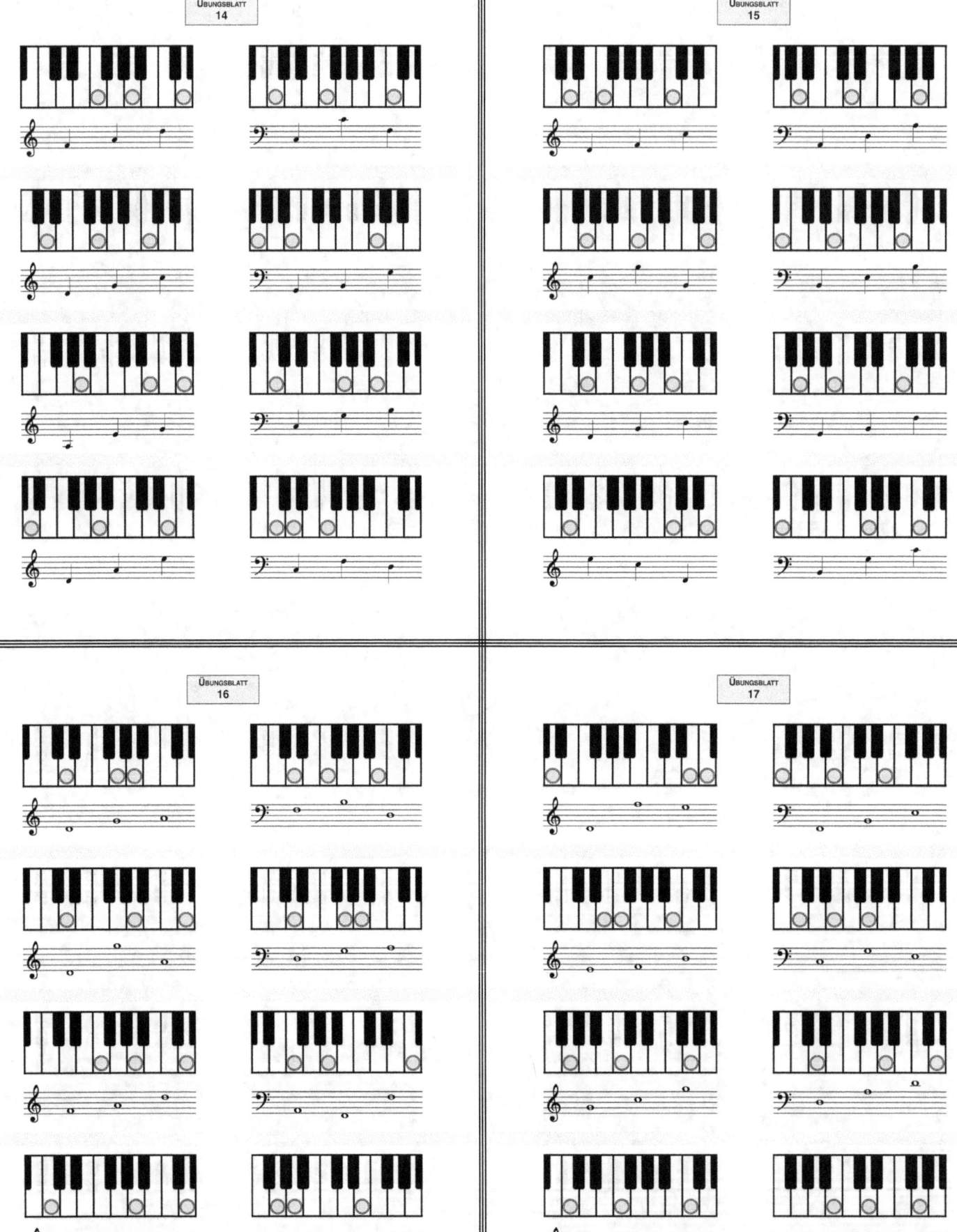

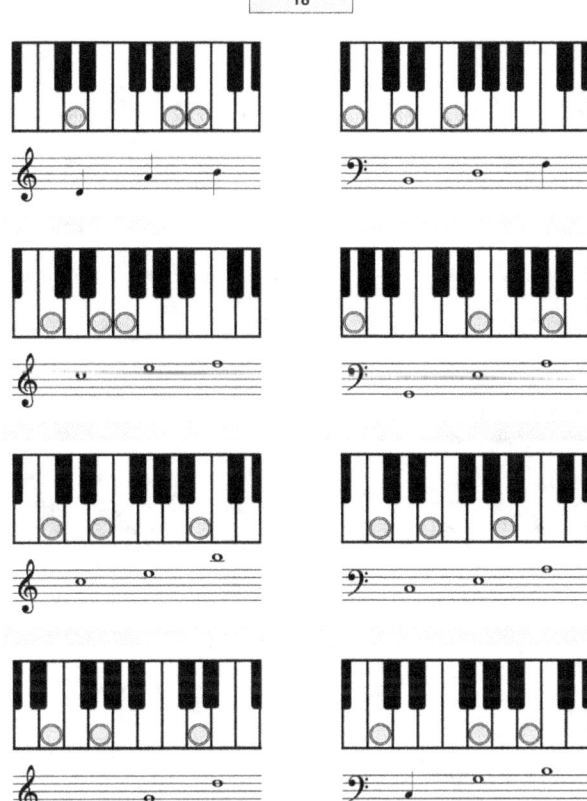

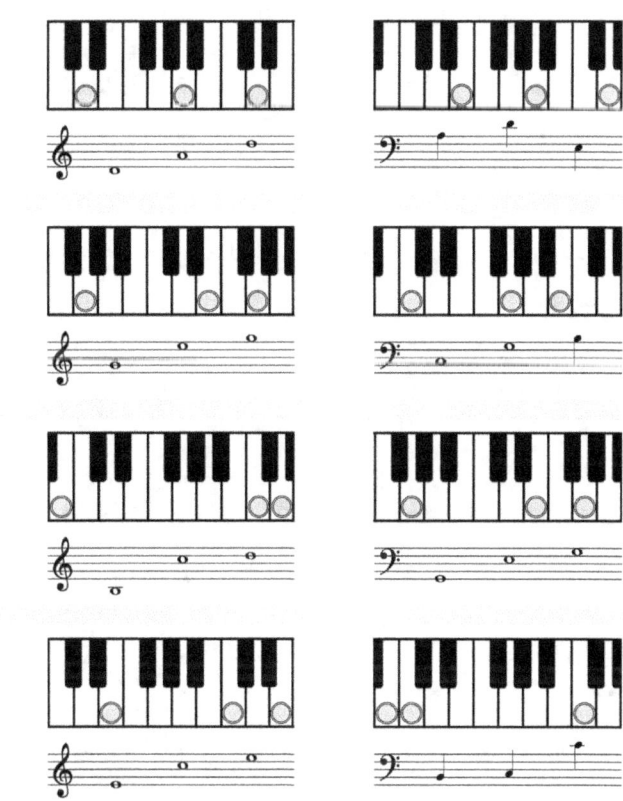

Beispiel

Takt __1__   Takt __2__   Takt __3__

Takt __4__   Takt __5__   Takt __6__

Zeichne in das Notensystem:
Acht **Takte** / **Schwerer Taktstrich** in Takt 8 / **End-Widerhohlungszeichen** in Takt 4

Beispiel

Ganze Pause   Halbe Pause   Viertel Pause

2 Achtel Pausen   Start (Bar5)
Wiederholungszeichen   Ende (Bar6)
Wiederholungszeichen

Zeichne in das Notensystem:
Sechs **Takte** / Einen **schweren Taktstrich** in Takt 6 / Eine **ganze Pause** in Takt 2,4,5

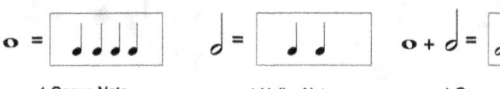

1 Ganze Note	1 Halbe Note	1 Ganze + 1 Halbe
= **4** Viertel	= **2** Viertel	= **2** Halbe + **4** Achtel

1 Ganze Note	1 Halbe	2 Halbe
= **8** Achtel	= 1 Viertel + **2** Achtel	= 1 Halbe Punkt + **1** Viertel

Vervollständige die Schaubilder:

Auflösen der Noten mit Balken zu **freistehenden Noten**

Balken	Balken	Balken
= **2** Achtel Noten	= **2** Sechzehntel Noten	= **4** Achtel Noten

Balken	Balken	Balken
= **4** Sechzehntel Noten	= **2** Sechzehntel Noten + **1** Achtel Noten	= **2** Achtel Noten + **2** Sechzehntel Noten

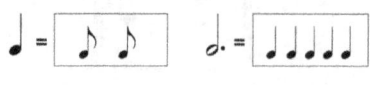

1 Viertelnote	1 Halbe gepunktet	1 Ganze gepunktet
= **2** Achtel	= **5** Viertel	= **3** Halbe

1 Ganze mit 2 Punkten	1 Viertel mit 2 Punkten	1 Halbe + 1 Viertel
= **3** Halbe + **1** Viertel	= **3** Achtel + **1** Sechzehntel	= **6** Achtel

Vervollständige die Schaubilder:

Verbinden der freien Noten zu **Noten mit Balken**

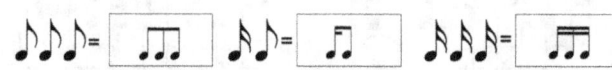

3 Achtel	Sechzehntel + Achtel	3 Sechzehntel
= **1** Balken Achtel	= **2** & **1** Balken	= **2** Balken

2 Achtel + 1 Sechzehntel	4 Zweiunddreißigstel	2 Sechzehntel + 1 Achtel
= **1** & **2** Balken	= **3** Balken	= **2** & **1** & **2** Balken

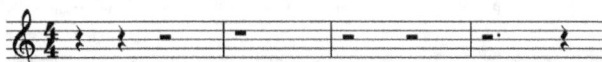

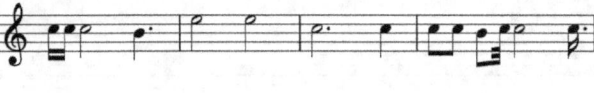

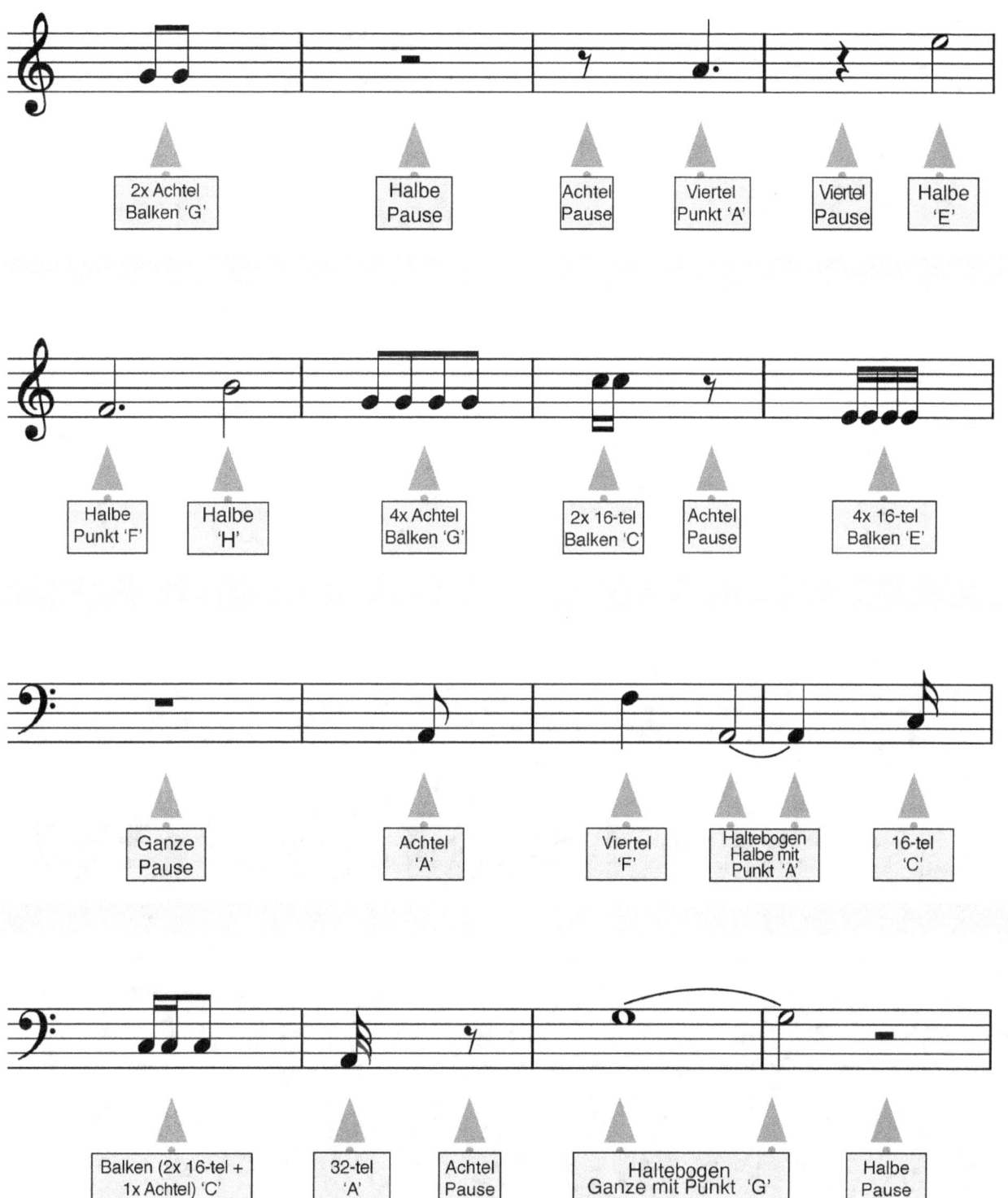

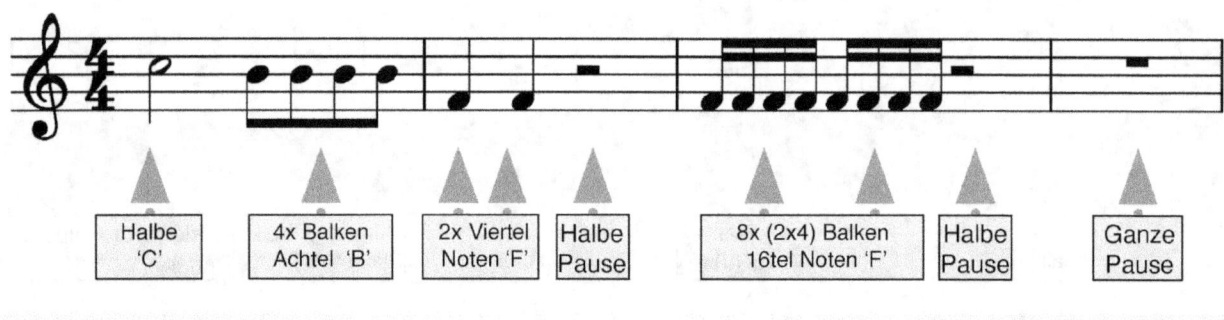

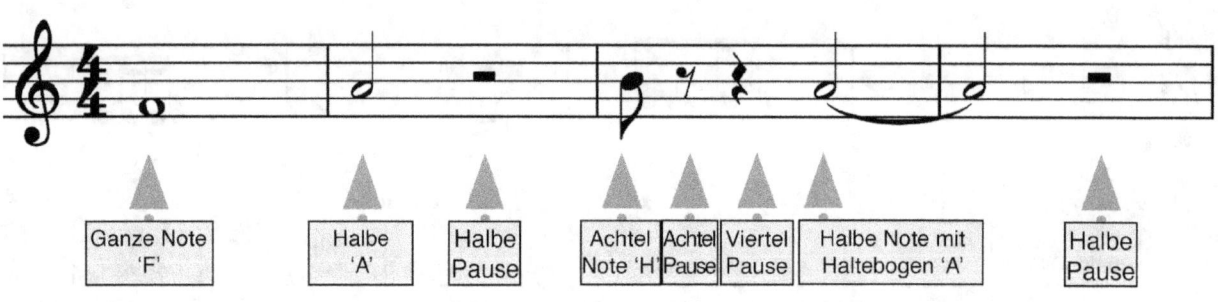

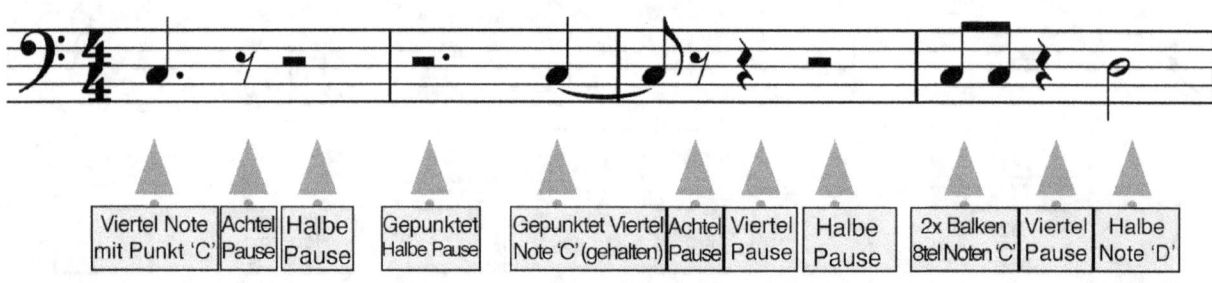

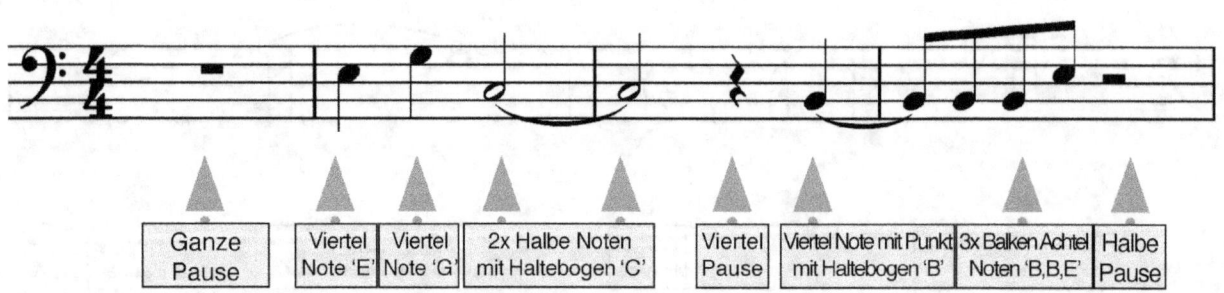

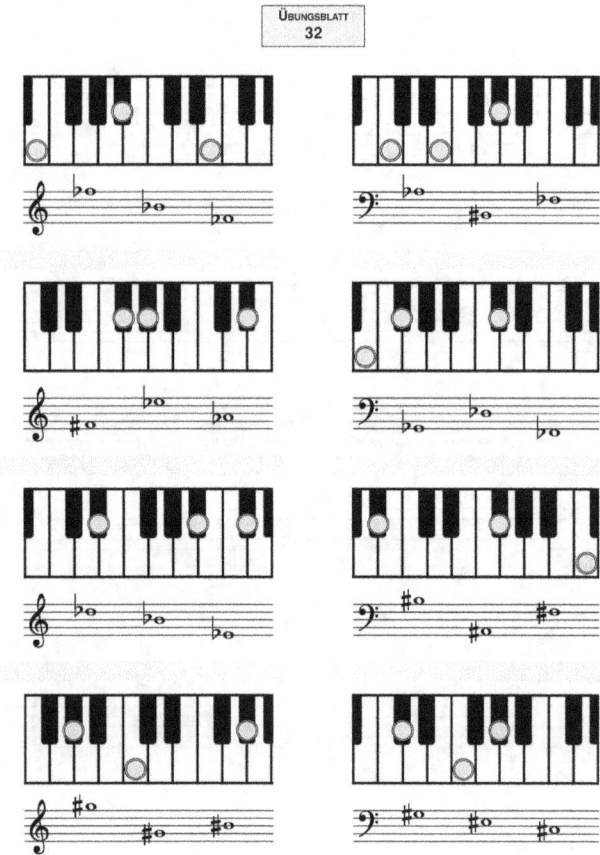

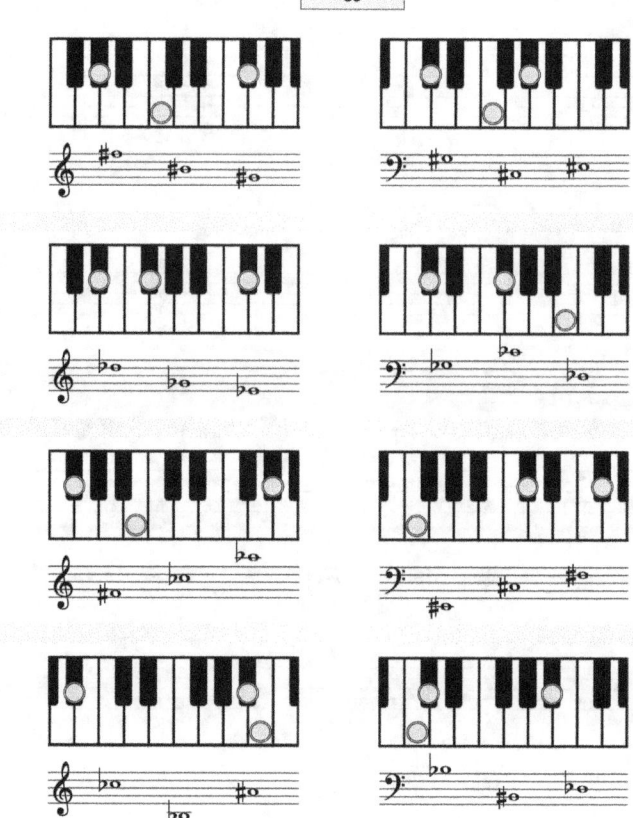

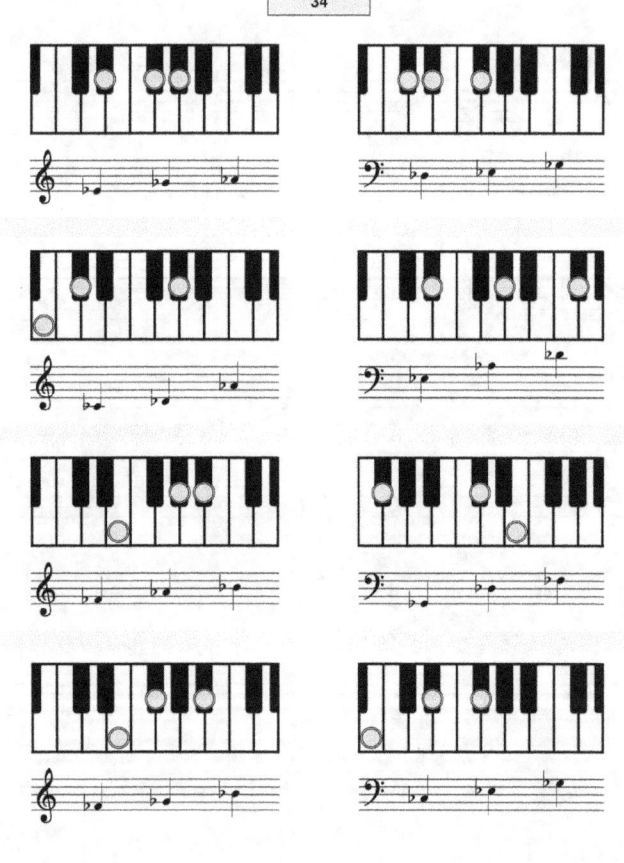

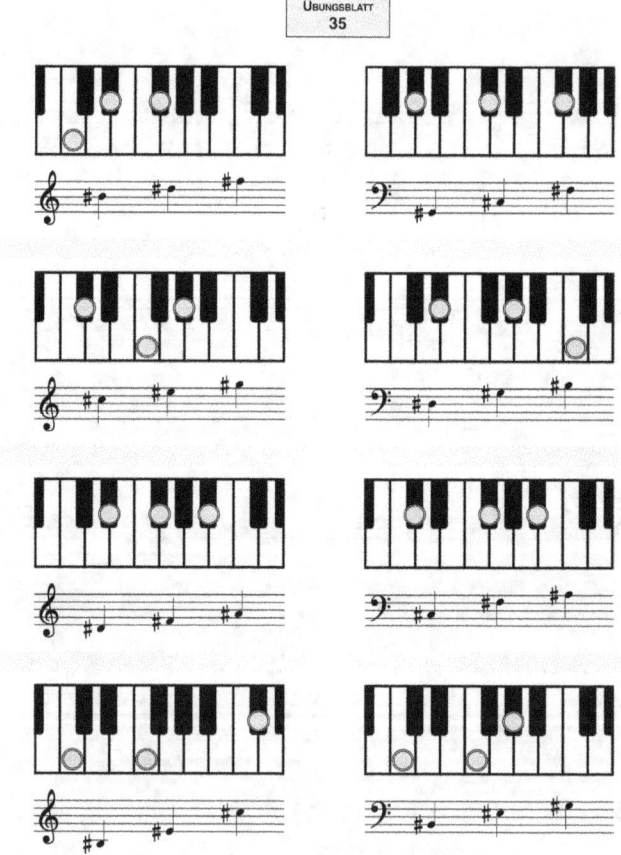

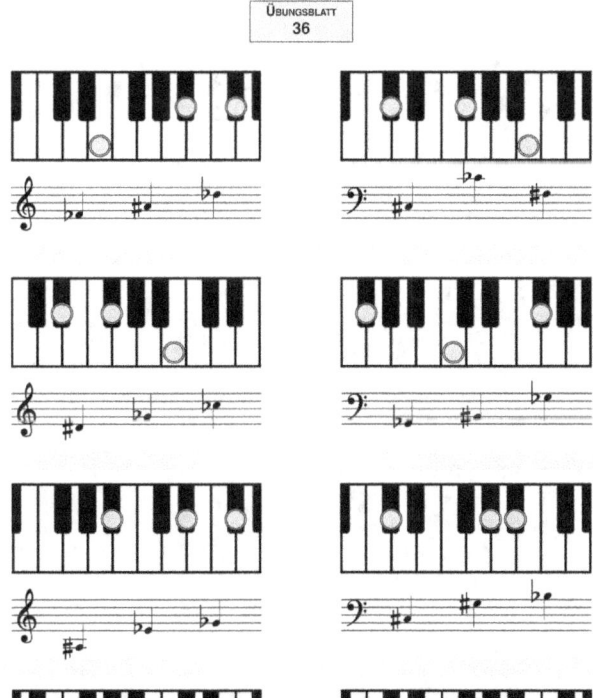

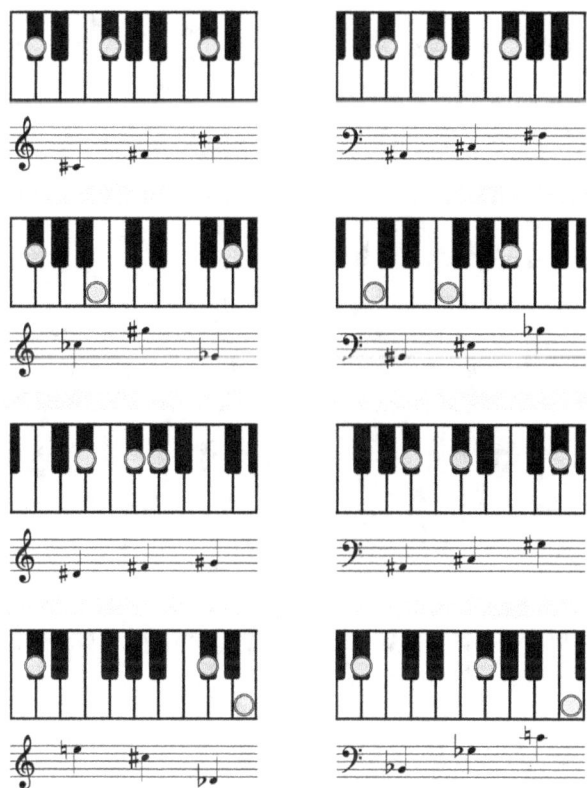

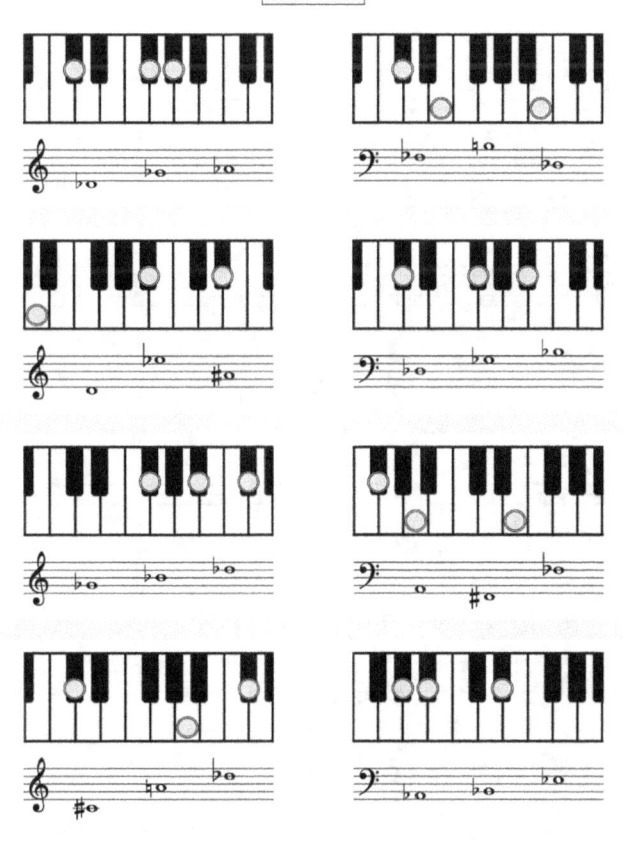

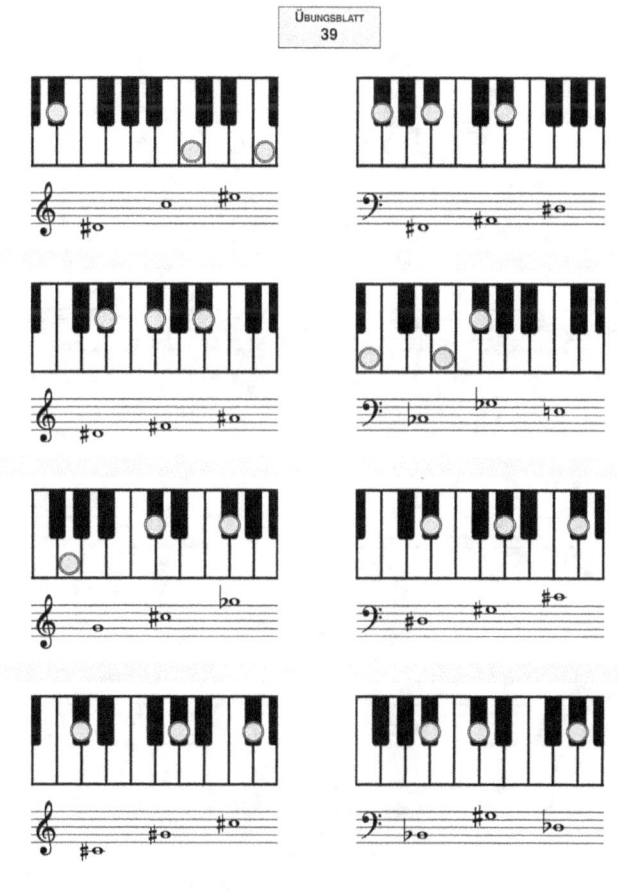

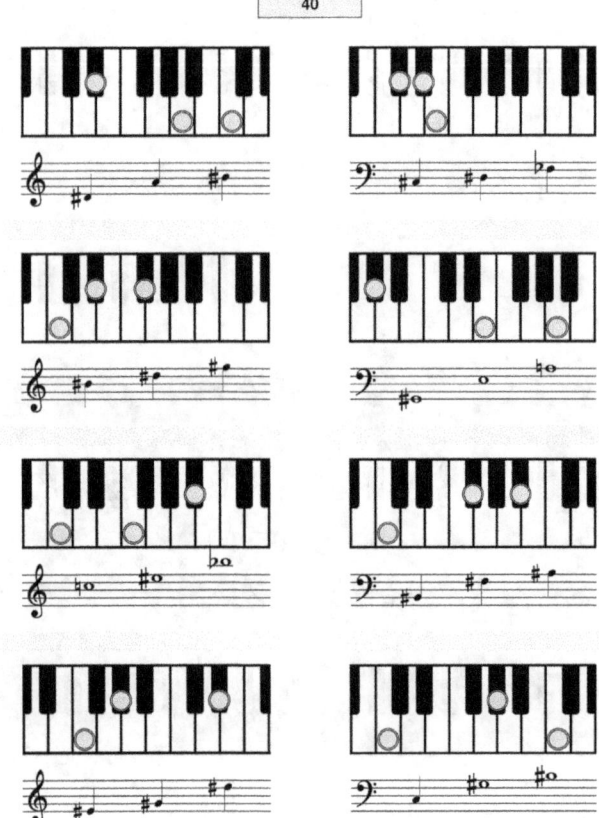

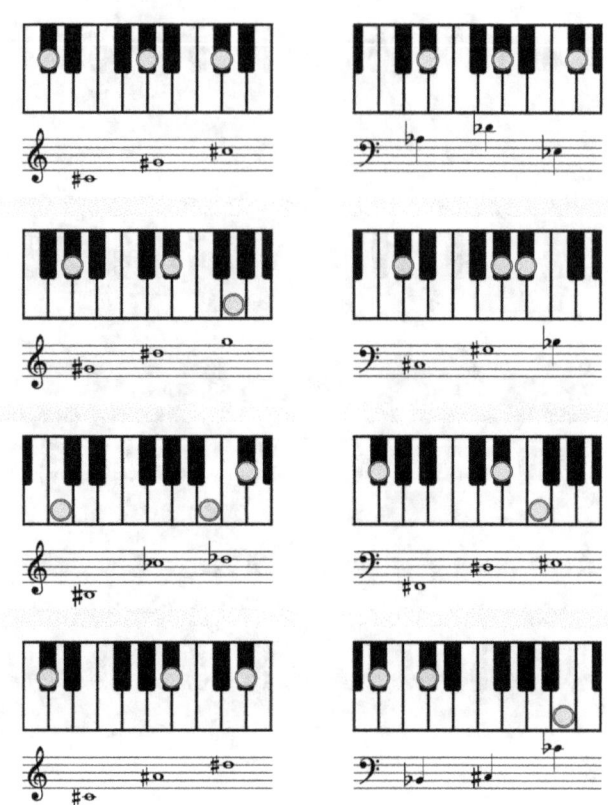

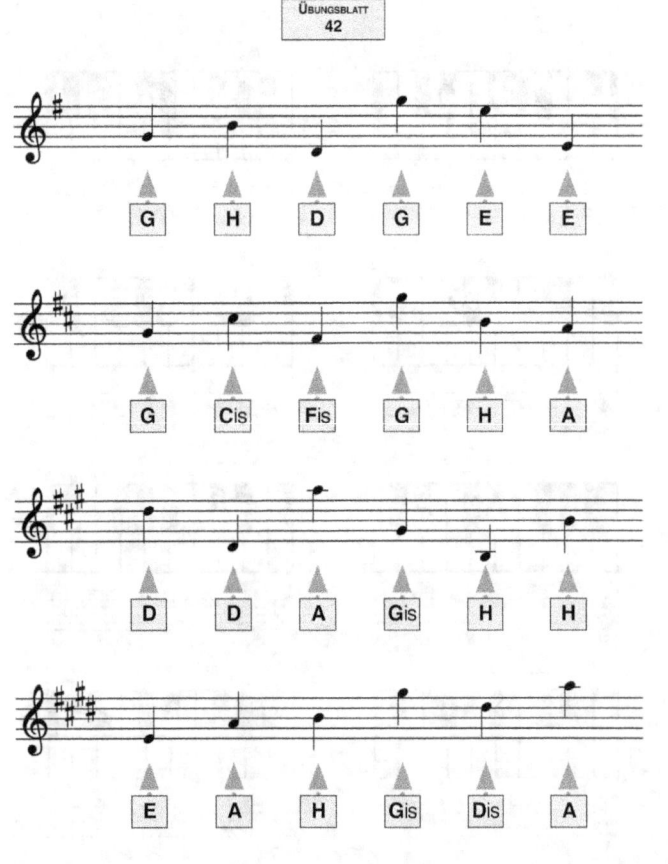

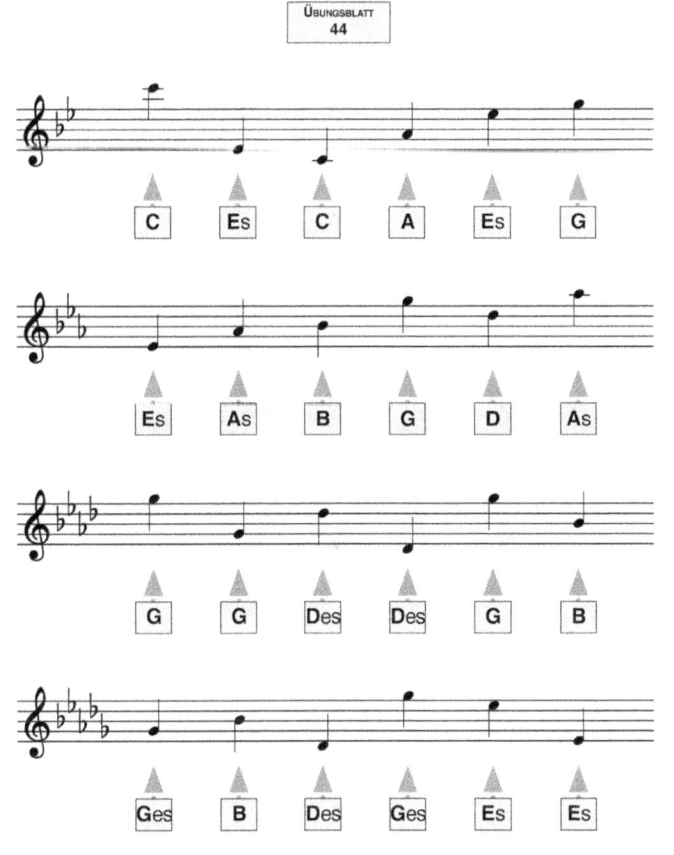

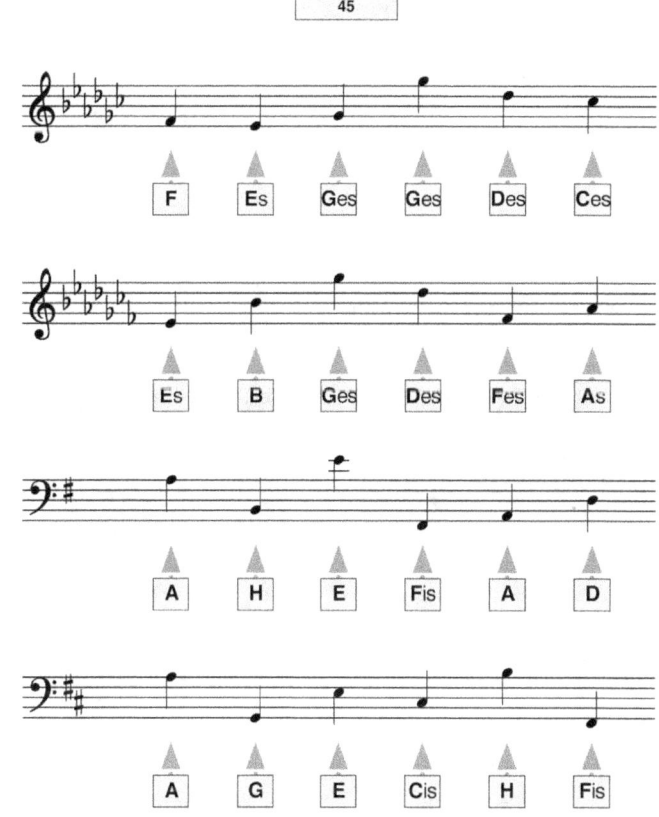

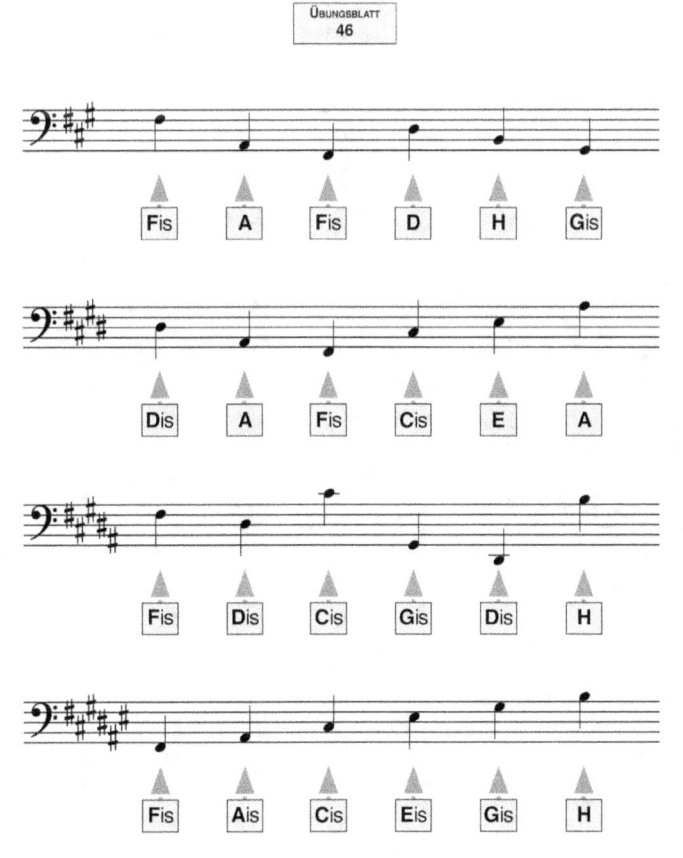

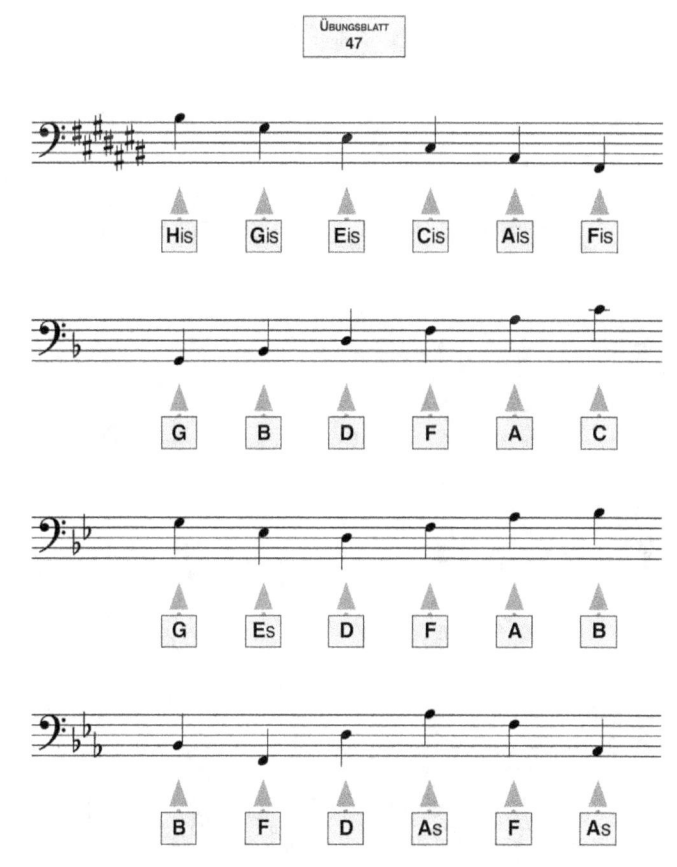

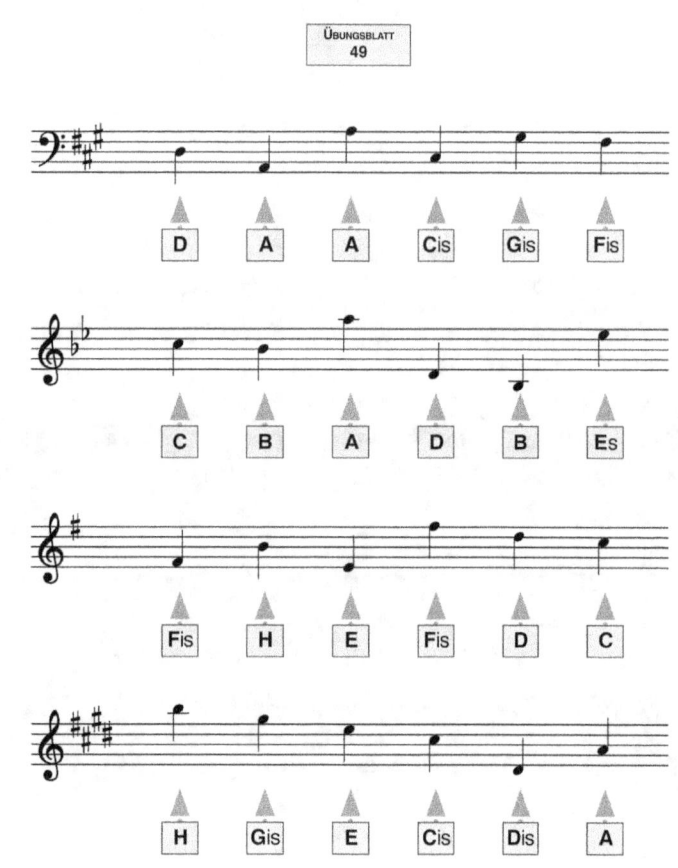

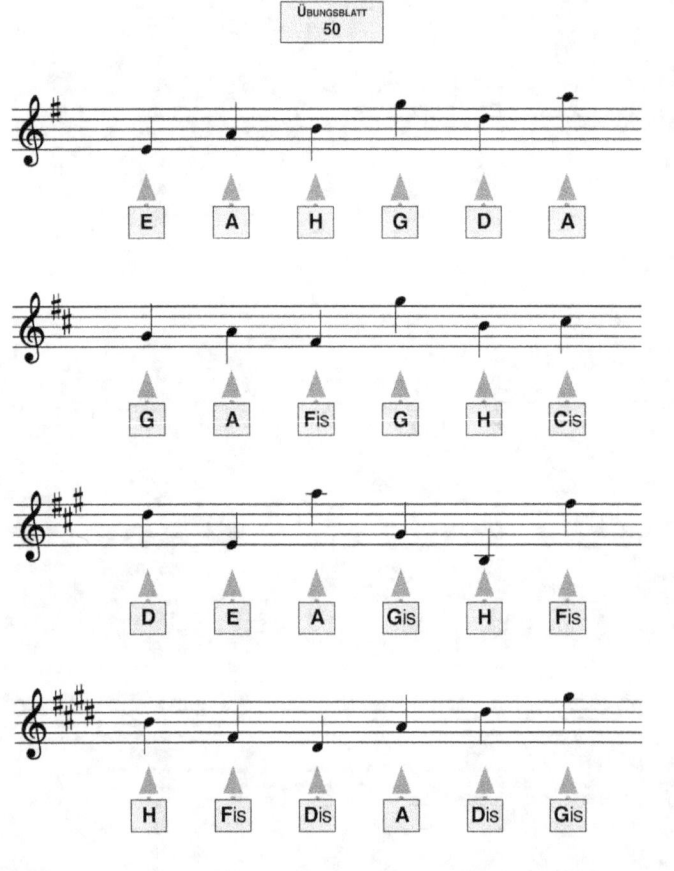

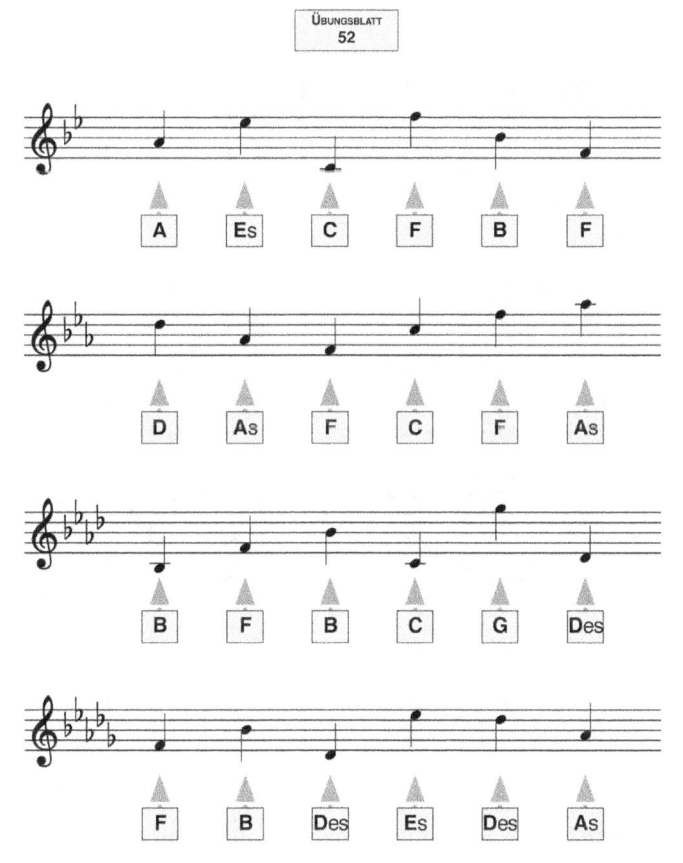

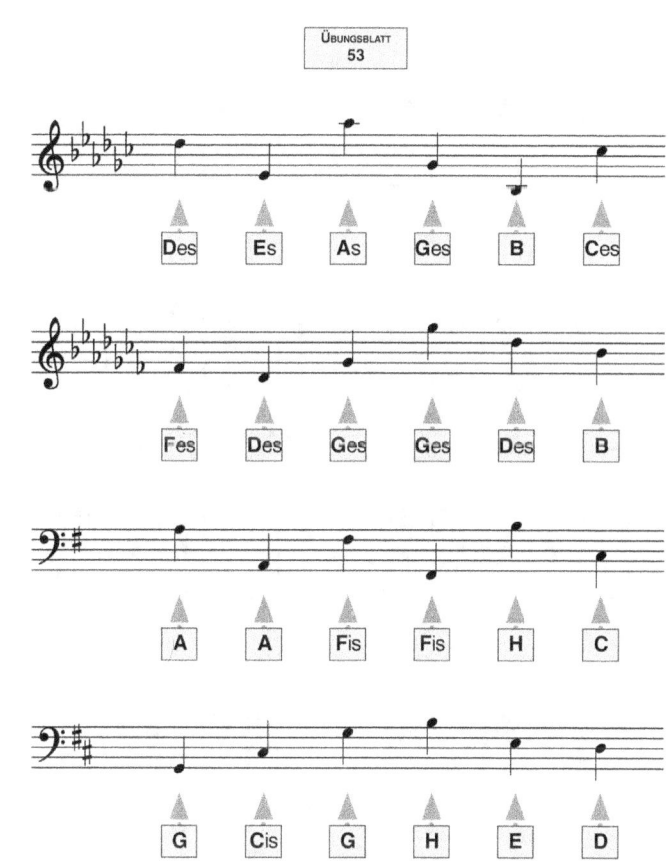

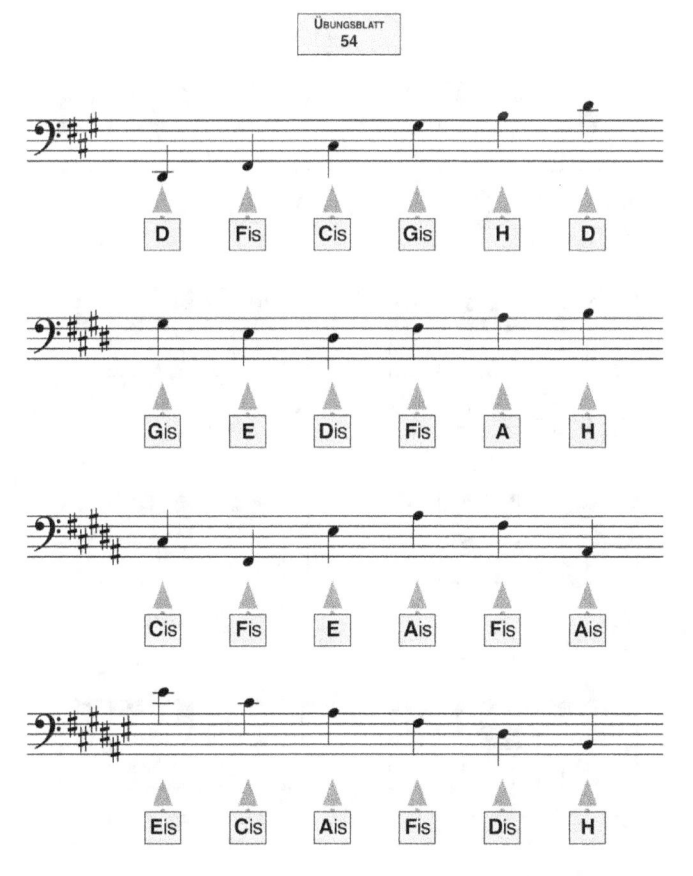

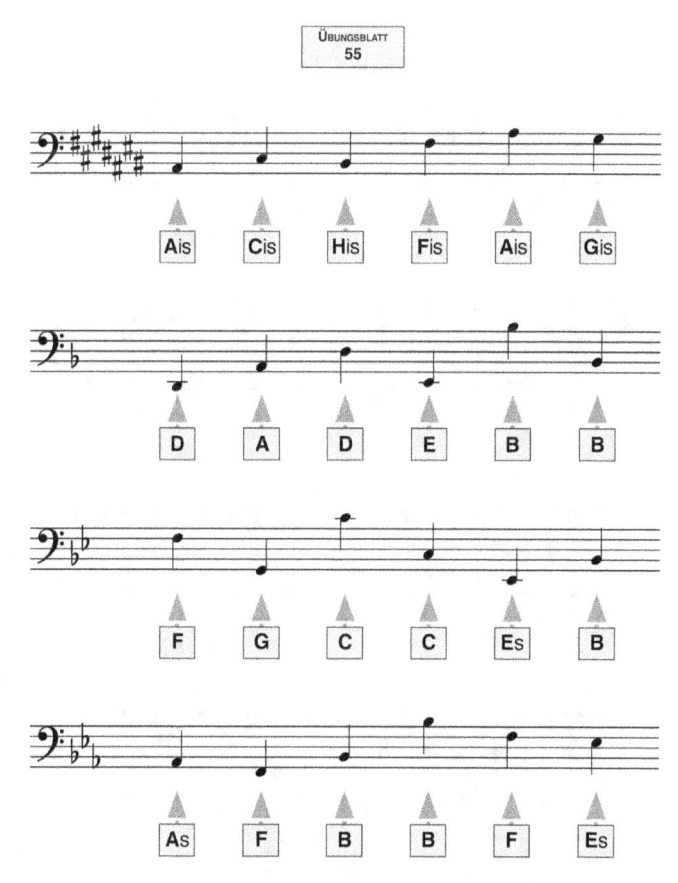

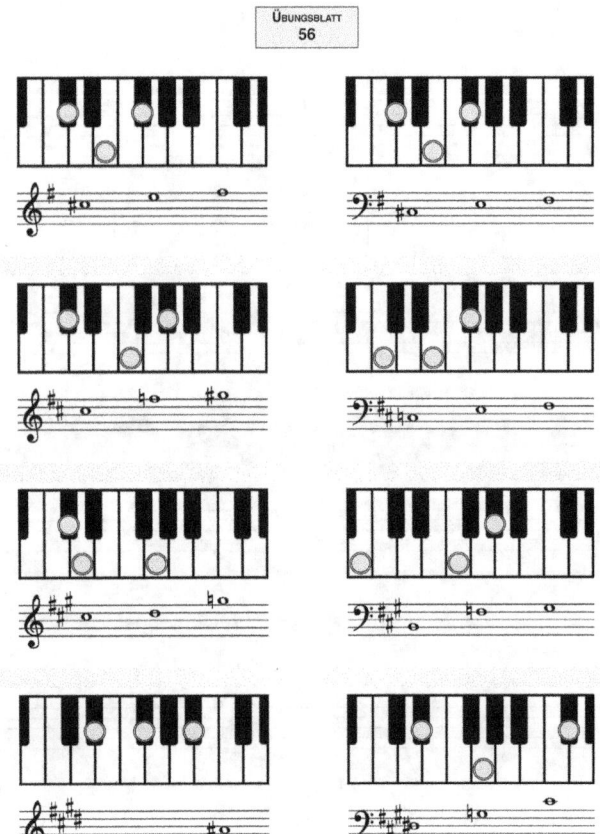

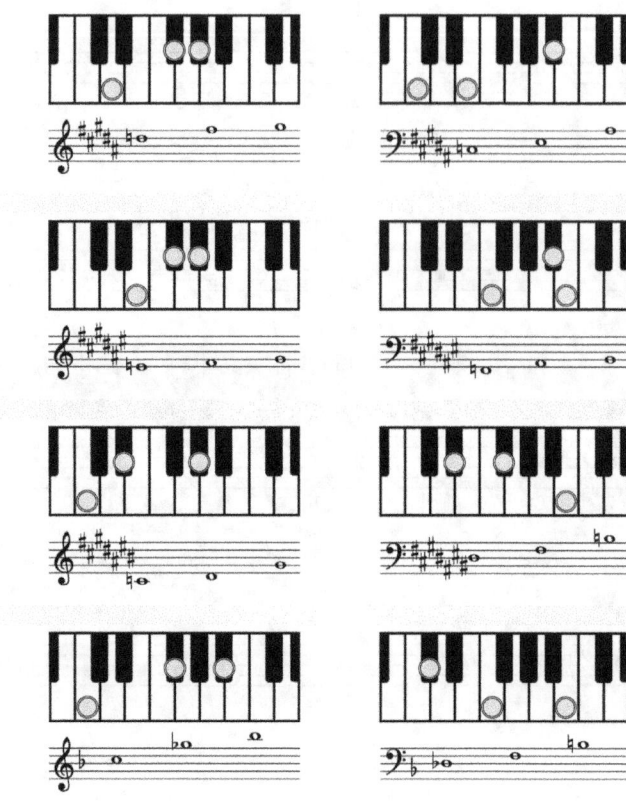

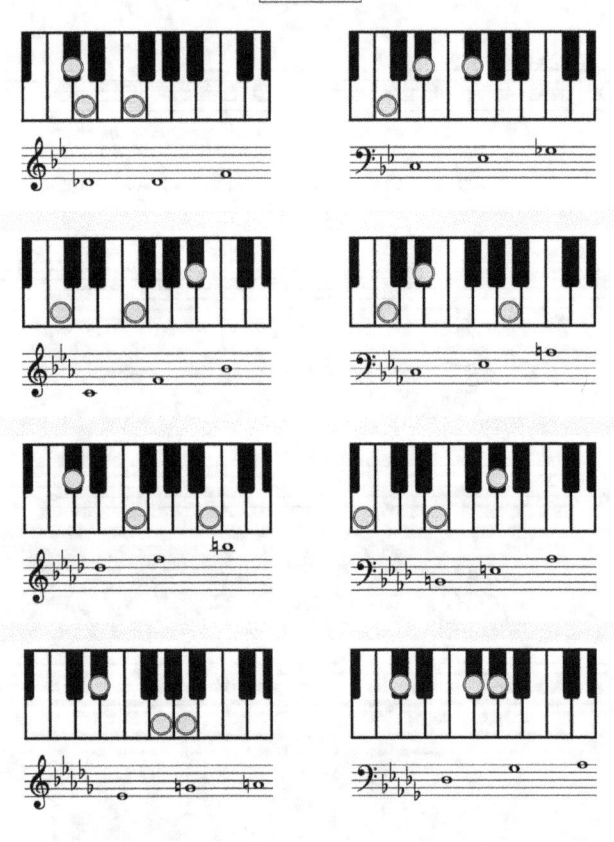

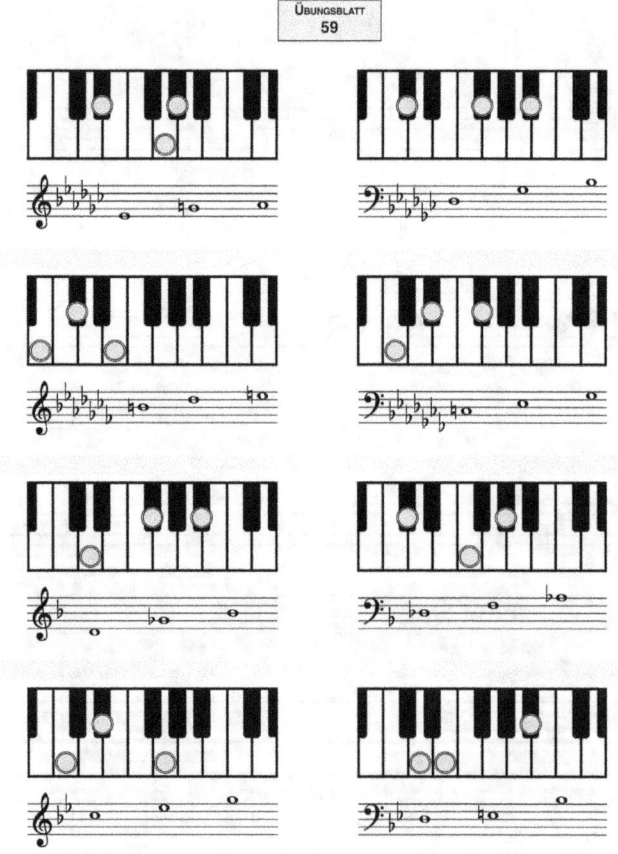

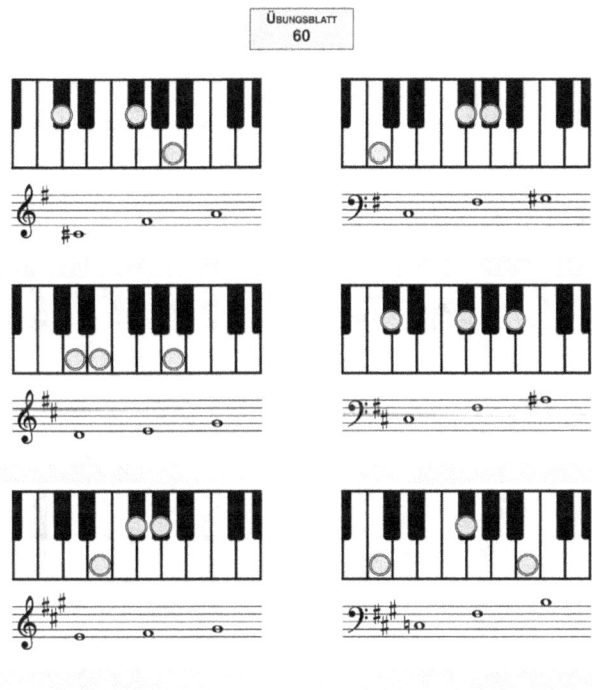

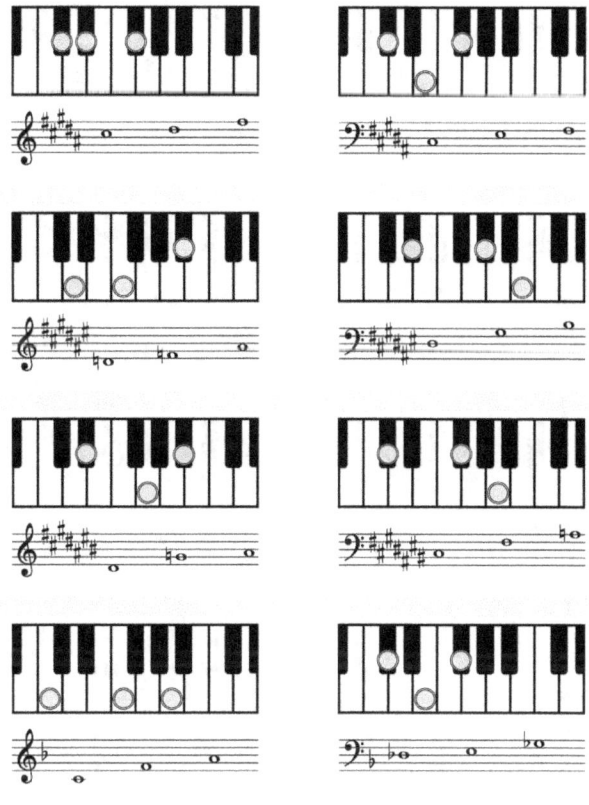

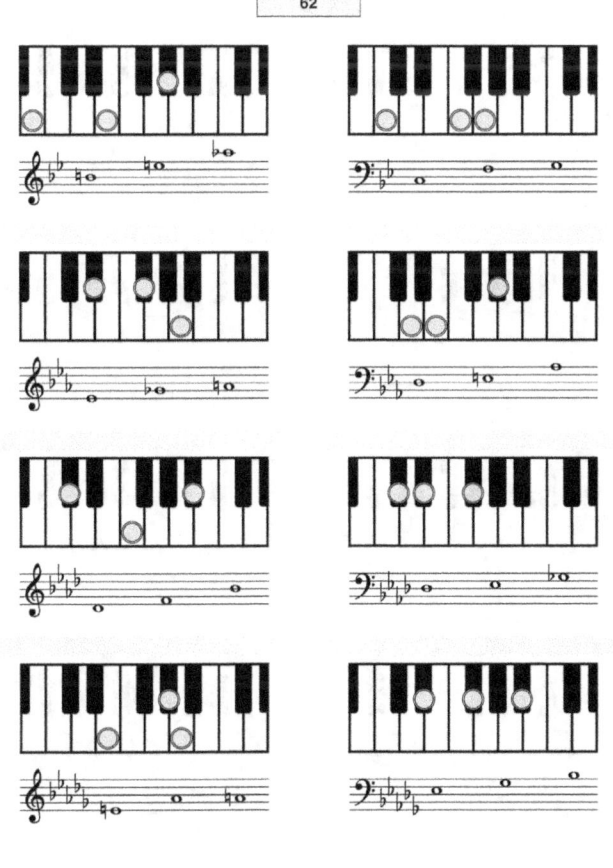

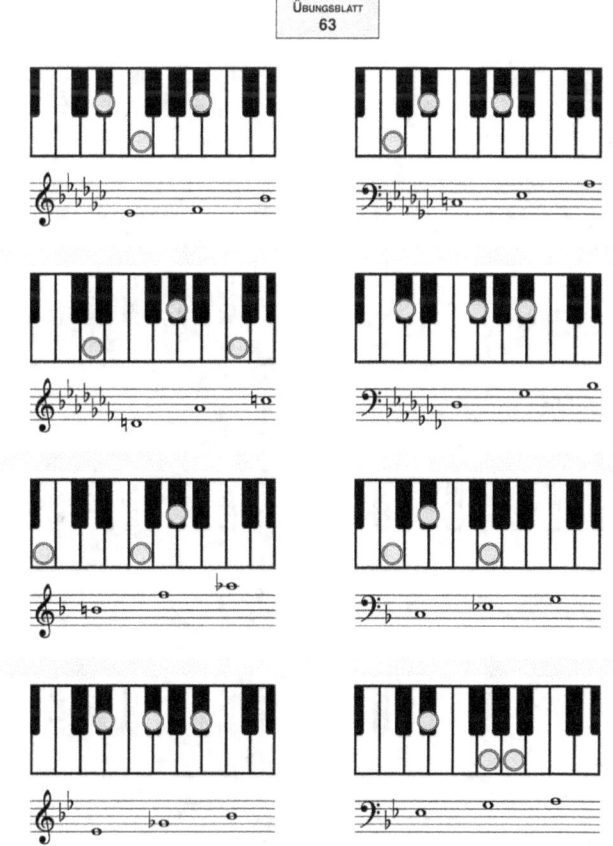

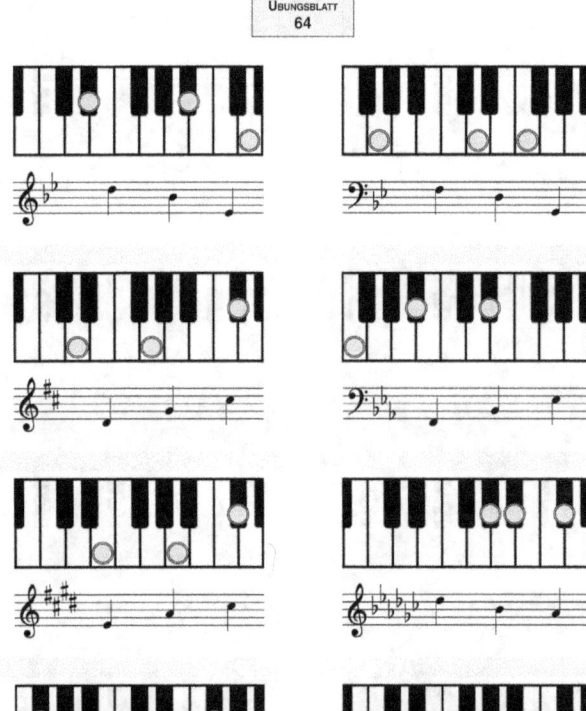

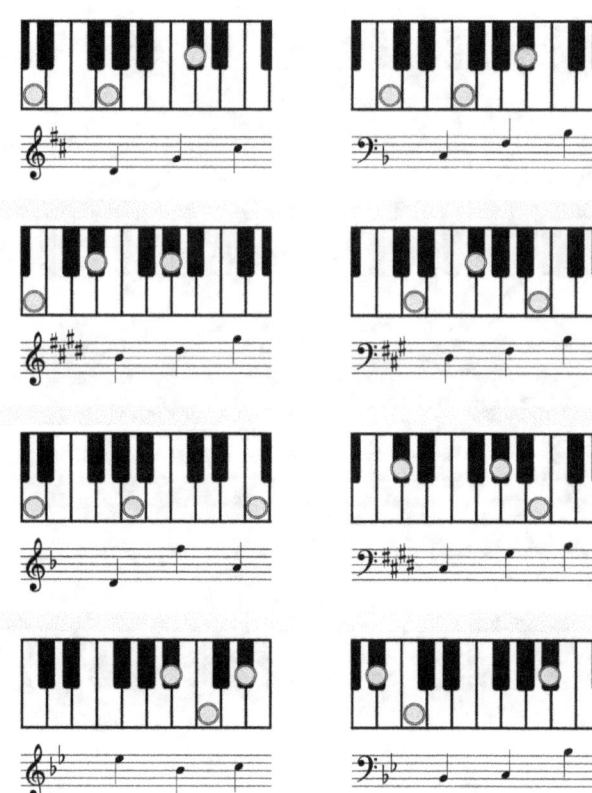

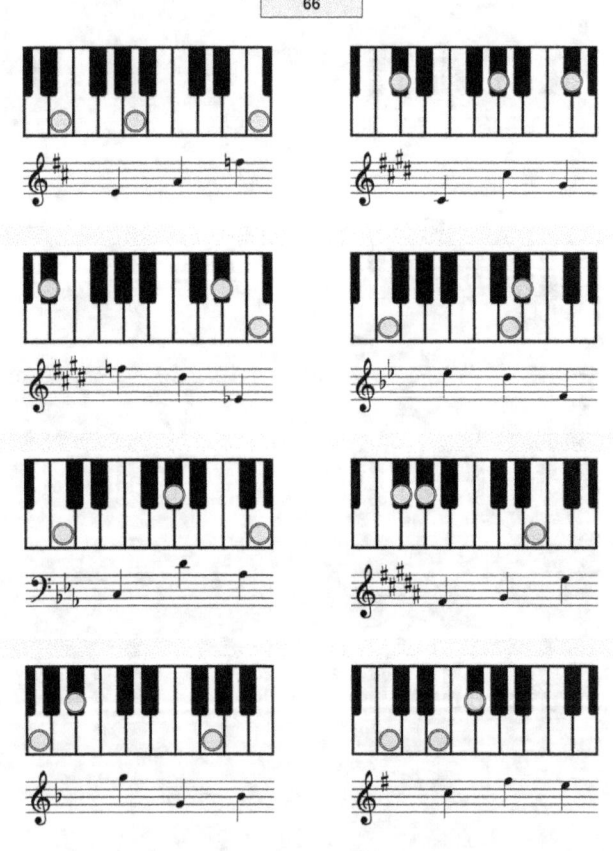

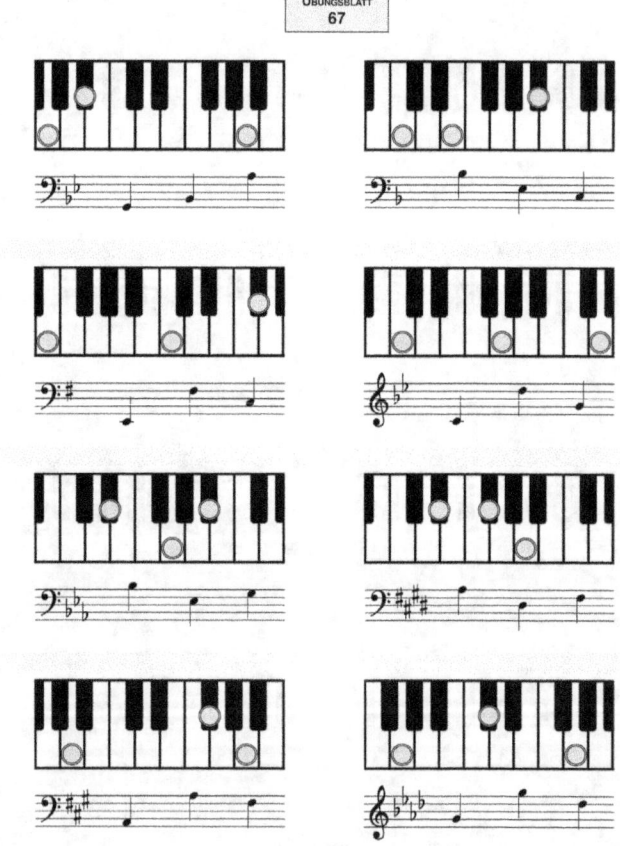

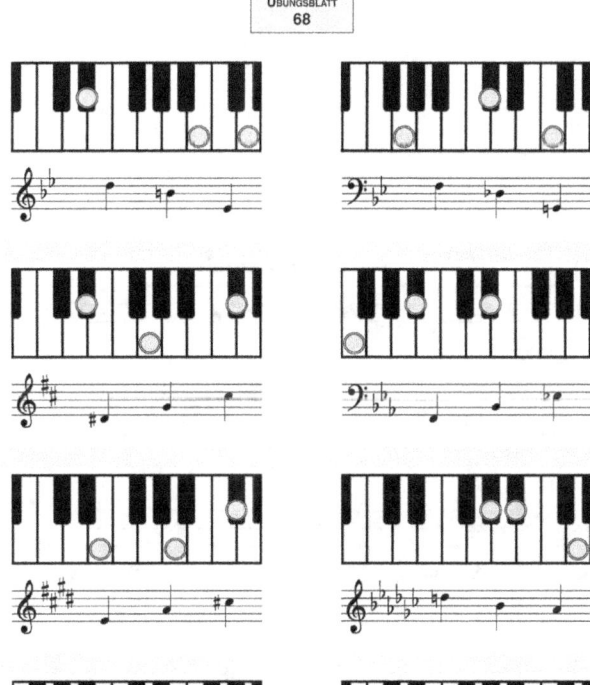

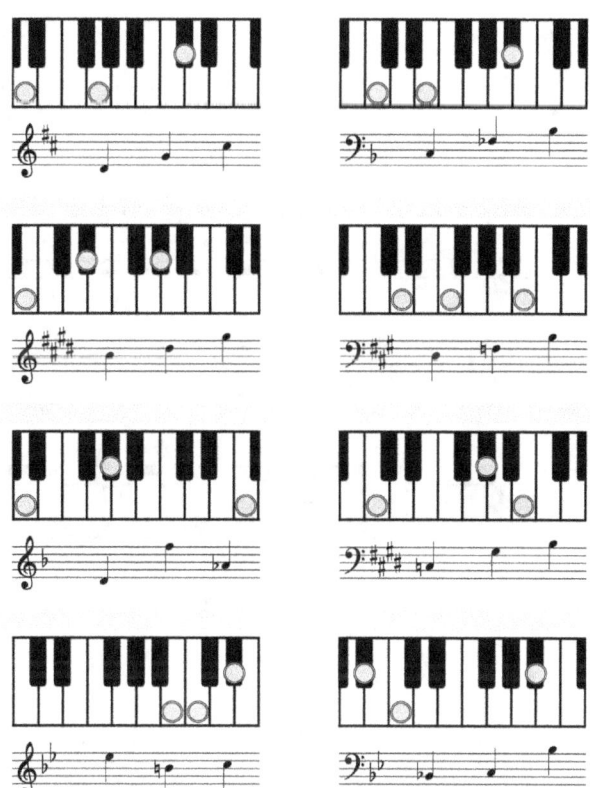

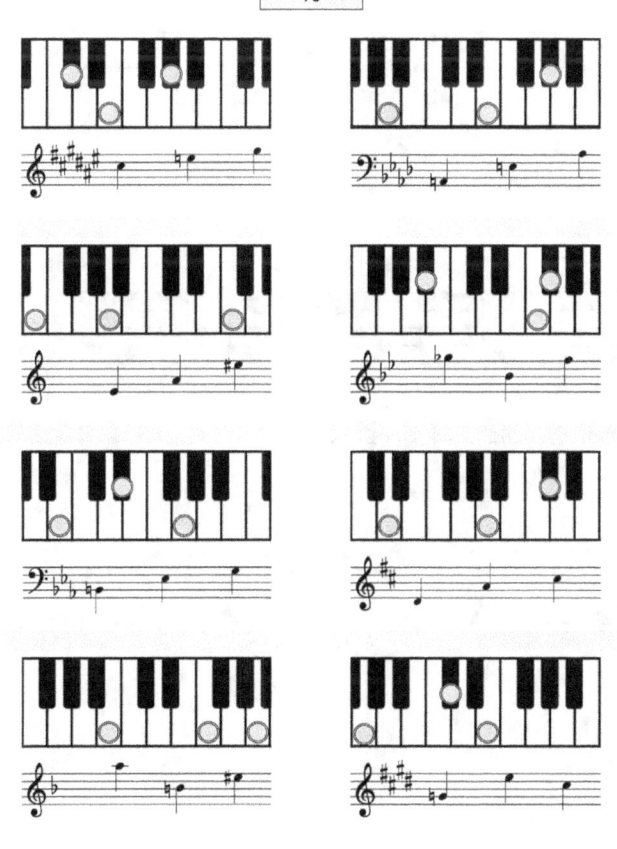

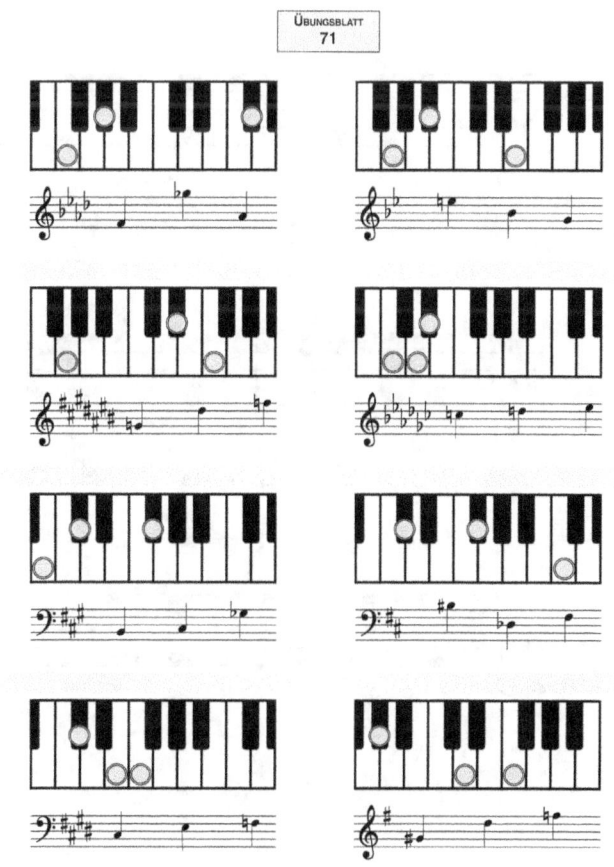

Es gibt unzählige mögliche Notenkombinationen für jede Taktart. Das ist einer der Aspekte, die Musik so schön machen. Unten sind einige Beispiele aufgeführt. Wenn Sie sich bezüglich Ihrer Kombinationen unsicher sind, ziehen Sie Ihren Musiklehrer zurate.

Großes Notensystem

Herzlichen Glückwunsch!

Ich hoffe dass Sie möglichst viel dazu gelernt haben und würde mich sehr freuen wenn Sie dieses Buch weiterempfehlen könnten.

Ein **Feedback auf Amazon** wäre ebenfalls sehr hilfreich. Wir nutzen dieses um die Lektüren kontinuirlich zu verbessern und Ihnen die Welt der Musik bestmöglich näherbringen zu können. Vielen Dank!

Zum Download:

https://hermannpress.kit.com/944594f1fd

Vielen Dank, dass Sie unser Lehrmaterial genutzt haben!

Bei *Hermann Press* setzen wir alles daran, Ihnen noch mehr Lernhilfen und Übungen **kostenlos** zur Verfügung zu stellen.

Besuchen Sie den obenstehenden Link oder scannen Sie einfach den QR-Code mit Ihrem Mobiltelefon, um Ihre kostenlosen Notensysteme herunterzuladen.

Nutzen Sie die Notensysteme für Ihre Übungen oder drucken Sie sie bequem aus. Zusätzlich erhalten Sie zukünftig weitere hilfreiche Materialien und spannende Neuigkeiten direkt in Ihr Postfach.

Bei Fragen, Verbesserungsvorschlägen oder sonstigen Anliegen können Sie sich gerne an uns wenden unter **hello@hermannpress.com**.

www.HermannPress.com

HERMANN
—PRESS—